Impressum

Bibliografische Information der Deutschen Nationalbibliothek

Die Deutsche Nationalbibliothek verzeichnet diese Publikation in der
Deutschen Nationalbibliografie; detaillierte bibliografische Daten sind im
Internet über http://dnb.d-nb.de abrufbar.

AF191821

Herstellung und Verlag: Books on Demand GmbH, Norderstedt

Seelentropfen
100 Gedichte
von Eva-Maria Obermann

Für meine Eltern, die mir Bücher gaben,
meinen Verlobten, der mir Liebe gibt
und meinen Sohn, dem ich Beides gebe.

Übersicht

Vorwort

Zunächst einmal will ich mich bei ihnen bedanken.

Dafür, dass sie dieses Buch gekauft haben, und dafür, dass sie der Lyrik eine Chance geben.

Lyrik ist ein Wort, das die meisten leider nur mit langweiligen Gedichtsanalysen verbinden, ohne daran zu denken, dass die meisten Lieder und Texte auch ein Fünkchen Lyrik in sich tragen. Lyrik bezieht sich nicht zwangsläufig auf Gedichte, die versuchen, so hochtrabend und kompliziert wie möglich zu sein. Die meisten Gedichte sind Gefühle in schriftlicher Form. So einfach kann man es bezeichnen.

Wenn man Gefühle aufschreibt, sie umschreibt und darlegt, egal mit welchen Metaphern und bildlichen Symbolen man arbeitet, schreibt man ein Gedicht. Dem Ordnungssinn der Menschen ist es nun zu verdanken, dass man unter Gedichten meistens Reime und Verse versteht, die aneinander gereiht sind. Doch erst wenn dabei ein Gefühl veranschaulicht wird haben wir ein echtes Gedicht. Echte Poesie. Echte Lyrik. Der Reim und Rhythmus ist nur ein vernachlässigbarer Nebeneffekt.

Ich habe mit zwölf Jahren angefangen Reime aufzuschreiben, zunächst zu Weihnachten und Geburtstagen. Bis ich es dann schaffte ein richtiges Gedicht aufzuschreiben. Von da an konnte ich nicht anders.

Ich musste schreiben.

Ich musste meine Gefühle aufs Papier bringen und sie dadurch gleichzeitig verfestigen und loslassen. Glücklicherweise konnte mein Umfeld mich dabei unterstützen und ein bisschen Lob tut uns doch allen gut.

Ich wäre schon längst absolut verrückt geworden, ohne meine Gedichte. Meine Gefühle und Gedanken hätten mich bestimmt erbarmungslos erdrückt und ich bin froh diese Möglichkeit meiner Zukunft nicht erleben zu müssen.

Wann immer ich von einem Gefühl, einem Eindruck überwältigt bin, greife ich zu Papier und Stift. Meine Gedichte füllen dicke Notizbücher, zahllose einfache Seiten und einige Dokumente auf meinem Computer. Also schreibe ich. So viel ich kann.

Aber wieso sollte jemand vor allen Menschen seine Gefühle offen legen? Sich mehr entblößen, als eine einfache Ablegung der bloßen Kleidung es ermöglicht? Warum Fremden die eigenen Gefühle aufzwingen?

Doch das tue ich gar nicht.

Die meisten meiner Gedichte, die hier beschrieben werden, sind schon lange geschrieben, die Gefühle gefühlt, ja verfühlt. Ich habe sie abgelegt und kann sie ohne Entblößung veröffentlichen. Es befreit mich nur noch mehr, sie geschrieben zu sehen.

Die restlichen, die noch jetzt in meinem Herzen aufflammen, sind so mächtig, dass ich sie offen legen muss. Die Gefühle für meinen Sohn und meinen Verlobten zum Beispiel. Die Angst und das Glück sind so groß, dass sie mich zu erdrücken drohen. Ich schäme mich ihrer nicht und ich hoffe sehr, dass sie in die Herzen jener dringen, denen die Worte fehlen, jene Gefühle nieder zu schreiben oder auszudrücken.

Mir wurde schon oft gesagt, dass jemand meine Gedichte verstand, einfach nur, weil er fühlen konnte. Ich schätze das gilt für jede gute Lyrik. Oft kann es allein schon helfen die eigenen Gefühle in Worte gefasst zu lesen, um sie besser zu begreifen und besser mit ihnen umzugehen.

Ich weiß natürlich nicht, ob meine Gedichte das schaffen, doch ich lege den leisen Anspruch an sie und bete auch dafür.

Das Letzte, das ich mit meinen Gedichten erreichen will, ist eigentlich einfach. Nehmen sie sich einen Stift und schreiben sie. Egal was. Lassen sie ihre Gefühle zu Buchstaben werden, wenn auch nur für sich selbst.

Lassen sie sich von den Kapiteln bitte nicht verunsichern. Ich habe lediglich versucht, meine Gedichte etwas zu ordnen, was das ein oder andere Mal sehr schwierig war. Oft passt ein Werk eben nicht nur in eine Kategorie. Trotzdem hoffe ich eine einigermaßen klare Struktur in dieses Buch gebracht zu haben.

Manch einer überliest einfach gerne die einfachen Liebesgedichte und widmet sich viel lieber der düsteren Ansicht aus „Schlafes Bruder", ein andere interessiert sich dafür vielleicht für meine ersten Gedichte in „Katzenjahre" oder meine neueren Werke in „Postnatal".

So oder so glaube ich, dass hier tatsächlich für jeden etwas dabei ist. Das ein oder andere Gedicht, das sie zum Träumen und Schweben bringt, ihnen ein Gefühl beschreibt, das ihre Seele erleichtern kann. Ich hoffe es.

So ist, im Großen und Ganzen, eine Art reichhaltiges fünfzehn Gänge – Menü entstanden, auf das, als kleines Extra, ein feines „Bauchwehwasserle" kommt:

Ein Freund stiftete für mein Buch auch eines seiner Gedichte, „Coffee and Wine", das ganz zum Schluss bestaunt werden kann. Es lohnt sich!

Viel Spaß beim Lesen, beim Leben, Fühlen und beim Schreiben wünscht ihnen

Eva-Maria Obermann.

Unter www-panoma.gmxhome.de findet ihr unsere Internetseite, auf der auch immer mal wieder neue Gedichte von mir zu finden sind!

Katzenjahre

Das Kätzchen

Mit seidenem Fell und sanfter Tatze
schleicht sie umher, die kleine Katze.
Kundschaftet alle Ecken aus,
Fängt hin und wieder eine Maus.

Die glänzenden Augen und das rosa Näschen
Die machen sie so niedlich wie ein kleines Häschen.
Mit ihrem Wollknäuel spielt sie fein
und auch ihr Deckchen muss da sein!

Ist sie träge, müde, matt,
Sie gestern das letzte Mal getrunken hat,
Pflegen wir sie wieder gesund.
Dann kommt ein dankbares „Miau" aus ihrem Mund.

Abends tragen wir sie in ihre Katzenbettlein
und sie schläft glücklich schnurrend ein!

Ein Katzenmorgen

Mit einem „Miau" beginnt ihr Tag,
Doch bis sie wirklich wach sein mag
vergehen ein paar Minuten schnell.
Dann putzt sie sich auch schon das Fell!

Nach dieser feinen Gründlichkeit
meint sie es sei an der Zeit,
Dich zu wecken,
Dich zu necken!

Auf dem Bett ist sie sogleich,
Erklärt es auch zu ihrem Reich.
Schnarchst du dann noch leise,
Wird die Katze weise,
Schleicht mit Samttatze
über die Matratze.
Bald ist sie am Ziel,
Doch vor hat sie noch viel:

Schleckt dir das Näschen,
Wie einem Häschen,
Schleckt dir die Backe,
Für jede Macke,
Schleckt dir dein Ohr,
Miaut im Chor
mit sich allein,
Und solltest du dann immer noch nicht aufgestanden sein,
Weiß sie dir schon den Schlaf zu rauben,
Das, mein Freund, kannst du mir glauben!

Der Lehrer

Groß steht er da,
Ganz wie Caesar.
Schaut aufmerksam über sein Reich,
Als wüsste er, dass gleich
der Kleine auftaucht.
Der wird angefaucht.

Schon fliegen die Tatzen zum Spiel,
Er hat noch zu lernen so viel!
Er muss lernen, wer der Boss hier ist
und wer morgens am meisten frisst,
Dass Hektik nur den Nerven schadet
und keine Katze gerne badet.
Wie man Frauchen richtig erzieht,
Dass man vor Hunden niemals flieht,
Wie man richtig kämpft und jagt,
Dass man nicht an den Möbeln nagt,
Der Tisch ist tabu, ins Bett darf man rein
und Schmusen kann ruhig jeden Tag sein.

Nach der ersten Lektion,
Folgt sofort die zweite schon.
„Geschlafen wird den halben Tag,
Doch bleib aufmerksam, höre, was ich sag!"

Schon schlafen beide, scheinbar friedlich und still,
Zusammen als Freunde, weil Gott es so will!

Katzenkind

Zwei Ohren schauen um die Ecke,
Die Augen blinzeln hervor.
Schnell springt sie auf die weiche Decke
und gähnt, der Mund groß wie ein Tor.

Noch einmal springt sie auf vom Platz,
Rennt zum vollen Napf her,
Und mit einem einzigen Satz
trinkt sie die Milch dort leer.

Schon liegt sie wieder auf ihrem Kissen,
Träumt vor sich hin, sanft schnurrend,
Lässt dann der Hund sich nicht vermissen,
Verteidigt sie sich knurrend!

Manchmal ruft sie nach der Mama leise,
Läuft klagend hin und her,
Dann kommt die gute Mutter weise:
„Ich bin hier und lieb dich sehr!"

Amelie

Die Sonnenstrahlen, die es durchs Fenster schaffen,
Tauchen sie in goldenes Licht,
Beglänzen ihre versteckten Waffen,
Begrenzen meine Sicht.

Ganz majestätisch, göttlich fast,
Sitzt sie ruhig, ganz still,
Zeigt keine Sorge, keine Last,
Tut, was allein sie will!

Ihre Augen schweifen nebenbei
durchleuchtend über die Welt.
Nichts ist auf diese Art frei,
Wie sie, wenn sie sich zu uns gesellt.

Eine rasche Bewegung, ein lauter Ton,
Und sie entschwindet, versteckt,
Vorüber ist unser kleiner Lohn.
Sie hat ihn zugedeckt.

Gedanken

Ich weiß noch

Ich weiß noch, als ich klein war
und mit Puppen spielte,
War alles einfach und so klar!
Anders wie heute,
Wenn ich als Beute hinausgeh´ zur Meute.
Ohne Plan, mit bangen Beinen,
Könnte ich wie damals weinen,
Wenn die Puppe nur noch schielte!
Ich weiß noch, so circa mit vier,
Ich war im Kindergarten,
Dachte ich nur an mein Tier!
Nicht so wie jetzt,
Da mein Denken von Dingen zersetzt,
Die ich hasse und nicht versteh,
Manchmal tut es wie damals weh,
Als wir es im Beet verscharrten!
Ich weiß noch, als ganz kleine Frau,
Es ist schon etwas her,
Wusste ich, was ich wollt genau!
Muss ich doch nun,
Genau überlegen was ist zu tun.
Dass ich weiß nicht mehr wer ich bin,
Ist alles wie damals ohne Sinn,
Als mir das Zuhören fiel zu schwer!
Ich weiß auch, was ich hab gewonnen,
In all den vielen Jahren,
Da Kinderträume sind zerronnen!
Denn hab ich für morgen,
Auch neue Träume, außer nur Sorgen.
Erfahrung und neue Lebenseinstellung,
Nicht wie damals, sondern neue Begeisterung,
Entgegenzutreten den Lebensgefahren!!!

Geschichte

Ich wandle durch Reihen längst vergangener Tage,
Gehe über gelebte Erde,
Schreite durch gewesene Sage,
Höre noch das Wiehern der Pferde.

Erahne schon die Mauern,
Fühle auch das Leben,
Über dem Rücken ein Schauern,
Nach dieser Magie zu streben.

In den Wänden eingefangen
Weinen, Schreien, Toben, Lachen.
Kann Ewigkeiten hier anlangen
und tausend Geister erwachen.

Ewiger Marmor, unendlicher Park,
Zauberei des Vergangenen.
Geheimnisse, die die Zeit verbarg,
Des mit Geschichte behangenen.

Alte Mauern

Alte Mauern können sprechen
von Morden und Verrat,
Von Betrug, Intrigen und Verbrechen,
Von der Wurzel der bösen Saat!

Alte Mauern können reden
von Regierungen, die vergangen,
Von Päpsten, die längst nicht mehr beten,
Von erbleichten Wangen!

Alte Mauern können schwärmen
von lauter Freude, stillem Geschrei,
Von Sonnenstrahlen, die noch wärmen,
Von Vögeln, die kommen noch vorbei!

Alte Mauern flüstern leise
von der süßen Liebesqual,
Von der Küsse alter Weise,
Von des Herzens wahrer Wahl!

Alte Mauern haben gesehen,
Was niemand kann beweisen,
Wie die Zeiten kommen und gehen,
Sind die echten Weisen!

Fernes Land

Ach könnte ich gehen in ein fernes Land
mit Wäldern, Gebirgen, Wiesen und Strand,
Mit Sprache, Schrift, Kultur und Essen,
Ja, darauf bin ich ganz versessen.

Von heute auf morgen zu verschwinden,
Müsste mich nicht mehr an Normen binden,
Müsste die Floskeln nicht mehr ertragen,
Die hier üblich sind an allen Tagen!

In ein Land voll Ehrlichkeit und Phantasie,
Voll Wahrheiten und voller Magie,
Voller Hoffnung und voll Leben,
Dahin zu kommen will ich erstreben!

Mich einlassen auf alles Neue,
Auf das ich mich schon lange freue,
Auf das ich nicht verzichten will,
An das ich denke, bin ich still.

Und ich hoffe, dass an diesem Tag,
An dem ich ankomme, ich nicht alleine bin,
Sonst macht es keinen Sinn!

Ein Feuer

Mitten in der dunklen Nacht
brennt ein Licht, ein Feuer.
Keiner, der das Leuchten bewacht:
Nicht geheuer!

Es lodert genüsslich vor sich hin,
Frei und lustig, wie es ist,
Sieht im Lodern seinen Sinn.
Ganz ohne List!

Schmilzt das Wachs und tanzt im Wind,
Lässt Holz und Kohle knacken.
Wie kleine Feuer nun mal sind,
Ziehen seine Flammen Zacken.

Es könnte ausbrechen,
Alles verschlingen,
Jedes Flämmchen rächen,
Alles umbringen!
Es könnte auch brav seinem Sinn folgen,
Leise brennen und erlöschen …

Mitten in der dunklen Nacht
brennt ein Licht ein Feuer.
Keiner, der das Leuchten bewacht:
Nicht geheuer!

Nachts

Vollmond

Es ist Vollmond und die Elfen
tanzen durch die stille Nacht!
Wollen Gottes Geschöpfen helfen,
Sind auf das Wohl der Welt bedacht!

Sternenpracht strahlt über Felder,
Stille, Schweigen hallt durch Gassen,
Geister kommen aus den Wäldern,
Träume sind beinah´ zu fassen!
Süßer Duft von ewigem Frieden
lässt uns ahnen, wie er ist.
Manche in ihrem Feuer sieden,
Mancher in Kälte wird vermisst!

Katzen sind der Nacht Begleiter,
Huschen leise aus dem Haus
und der große dunkle Reiter
reitet leise, reitet in Saus.

Es ist Vollmond und bis zum Morgen,
Hält die Welt uns still geborgen!

Gesicht der Nacht

Dunkel, schwarz der Himmel fällt,
Umgibt die ganze Erde,
Verdunkelt grob die ganze Welt
und ängstlich mäht die Herde
im Stall, bei der grauen Wiese,
Denn kein Stern kommt hervor.
Und lautlos stapft der sanfte Riese
durch jede Tür, durch jedes Tor.

Schaut nur kurz, wo jeder ist,
Zieht dann schleichend weiter,
Wird nie bemerkt, wird nie vermisst,
Nicht mal vom eisernen Reiter.

Der Uhu ruft, die Geister schweben,
Die Nacht zeigt ihr Gesicht,
Das keiner sieht in seinem Leben,
Auch nicht der kleinste Wicht!

Der Zauberer steht am Fenster ganz still,
Sieht lächelnd auf das Nachtgeschehen,
Er könnt es verraten, wenn er nur will,
Doch er zieht es vor ins Bett zu gehen.
So lebt die Nacht ihren eigenen Tag,
Mit dem ich so gerne mitschwingen mag!

Die Welt schläft

Draußen ist es dunkel,
Nur am Himmel etwas Gefunkel.
Ein paar Eulen sind schon wach
und machen einen Heidenkrach,
Doch die Welt schläft!

Draußen ist es Nacht,
Vom großen Mond bewacht.
Durch die Küche huschen Mäuse,
Auf den Hunden feiern Läuse,
Doch die Welt schläft!

Draußen ist es still,
Alles schläft, weil Gott es will.
Nur die Engel passen auf,
Dass die Nacht nimmt ihren Lauf,
Und die Welt schläft.

Draußen scheint der Mond,
Und ich glaube, dass es lohnt,
Dass Heinzelmänner huschen durch die Ecken,
Um zu arbeiten, zu putzen, sich zu verstecken,
Und die Welt schläft!

Traumwelt

Leise fallen die Augen zu,
Alles was ich brauche ist Ruh!
Sanftes Gähnen, keiner gesehen,
Ich sollte wirklich ins Bett nun gehen.

Wackelige Beine, müde Sinne,
Freude auf Träume, die ich gewinne.
Wirre Gedanken suchen nach Halt,
Gesagte Worte werden so alt.

Langsam schleiche ich in mein Zimmer,
Gemütlich warm, sinnlich, wie immer.
Ich ziehe mich um, lasse mir Zeit,
Mache mich für erholsamen Schlaf bereit!

Kaufe ein Ticket ins Reich der Träume,
In dem es gibt, zum Glück, keine Zäune!
Steig in die Federn, sinke in Kissen,
Nichts brauche ich dort zu vermissen.
Selbst was ich hier nicht habe ist dort,
Ja. ich reise doch gerne fort.
Vergesse mein Leid, meine Last, das Gewühl,
Lebe für mich, für mein Gefühl.

Komm doch mit, ich lade dich ein
mein Gast in dieser Traumwelt zu sein!

Zaubernacht

Mondbeglänzte Zaubernacht,
Die den Sinn gefangen hält,
Wunderbare Märchenwelt,
Steig auf in der schönsten Pracht!

Geister, Gespenster und Dämonen
kriechen hervor,
Aus jedem magischen Tor,
Aus allen verwunschenen Zonen!
Feen und Hexen, Zauberer auch,
Geheimnisvolle Gestalten,
Die Zauberei in den Händen halten,
Denn so will es der Brauch!
Elfenpulver, Sternenstaub,
Unsagbare Getränke
aus der unheimlichen Schenke
stapeln sich im unwirklichen Laub.
Sie verfluchen, beschwören,
Verhexen, erfüllen
Wünsche in vielen oder gar keinen Hüllen,
Ohne, dass wir sie hören!

Die unschlagbare Macht
der Zaubernacht
bleibt ungesehen,
Kann weitergehen!
Unbemerkt von jedem Mann,
Jeder Frau und jedem Kind,
Die doch nur träumende Körper sind,
Von denen keiner hauchen kann
einen zauberhaften Bann,
Denn so fängt sie an.

Was noch zu sagen war

Ein Korb

Wenn die Eule am Tage schreit,
Hunde lieblichst auch miauen.
Wenn Elefant um Zebra freit,
Und Fische auf Vögel hinunter schauen.

Wenn Blumen eiligst spazieren gehen,
Und die Kuh ein Ei gelegt,
Die Wale auf der Wiese stehen,
Die Eiche sich zum Jive bewegt.

Wenn Troja doch die Griechen schlägt,
Wahrheit feiert den endgültigen Sieg,
Und ein erwachsener Mann frägt:
„Sag, was ist eigentlich Krieg?"

Wenn kein Stern mehr am Himmel scheint,
Der letzte Regentropfen geweint,
Das letzte Lächeln längst erloschen,
Und es fällt der letzte Groschen,

Wenn eins dieser Dinge geschieht,
Widme ich dir jedes Lied.
Hörst du dann tief in meine Augen,
Dass mein Freund, darfst du mir glauben,
Liebe ich dich
ewiglich.

Geister

In unserem Haus, da wohnen Geister.
Sie leben hier, wie du und ich,
Doch unbemerkt, versteckt und heimlich.
Manchmal werden sie auch dreister!

Dann läuft die Katze scheu herum,
Sucht ein sicheres Versteck,
Der Milchkarton fällt plötzlich um,
Das Abflussrohr hat ein Leck,
Das Essen verdirbt von heute auf morgen,
Die Waschmaschine schleudert nicht!
Du kannst nicht schlafen, vor lauter Sorgen
und deine Lieblingstasse zerbricht!

Die Blumen welken, das Hemd zerreißt,
Das Brot schimmelt, der Garten vereist
und leise hörst du ihr hämisches Lachen!
Deine ganz persönlichen Hausdrachen.

Gestorben schon vor langer Zeit,
Werden sie das Ärgern schnell wieder Leid!
Dann kannst du dich friedlich entspannen,
Kraft tanken für die böse Welt,
Weil sie allen Kummer von dir bannen,
Für kurze Zeit auf Freunde gestellt!

Erwachen

Der Körper taub und träge,
Als ob er noch lang läge
im warmen, weichen Bette,
Noch an des Schlafes Kette.

Die Augen schwer, der Blick unscharf,
An den Lidern noch trockener Schlaf,
Und jedes Zwinkern Mühe,
Wie in der frühsten Frühe.

Schon ausgekühlte Gänsehaut,
Durch feine Härchen aufgeraut,
Vermisst die Hülle der Decken,
Lässt sich immer noch nicht wecken.

Klar zu denken, schwere Sache,
Der Verstand hält noch nicht Wache.
Treibt da hin, Strom der Gedanken,
Bringt die Aufmerksamkeit ins Wanken.

Kribbelnde Glieder, Blutdruck schwach.
Plätschre langsam, ruhiger Bach,
Denn noch bin ich nicht wirklich wach

Durch die Lüfte

Durch die Lüfte Seelen schweben,
Lerne erst richtig zu leben!

Brauche dich nicht mehr,
Kann von dir weg!
Fühle mich voller Ideen und doch so leer,
Steh einsam nun am großen Steg.

Ich dachte du wärst es, das einzige Wesen,
An dem meine Seele kann genesen.
Ich hoffte auf dich in jeder Sekunde,
D och jetzt bin ich frei von dir
und meine Gedanken kommen in Runden
endlich wieder zurück zu mir!

Ich will dich nicht missen, und sehne mich nicht,
Dass dein Wort meine Erlösung spricht,
Denn das kannst du nicht, nie und nimmer,
Verloschen ist längst mein ängstlich´ Gewimmer.

Mein Herz ist frei, meine Liebe groß
und unsere Freundschaft ewig,
Doch ließ dieses Gefühl mich los,
Und durch die Lüfte schweben Seelen selig!

Der Floh

Auf leisen Sohlen, ganz verstohlen
kam die Liebe einfach so.
Wollt sich erst ´was wiederholen,
Biss sich fest dann, wie ein Floh!

Ließ nicht los, biss fester zu!
War auch nicht still, gab keine Ruh!
Schrie und schimpfte obendrein,
Dass die Welt nicht auf sie höre.
Schrie so laut in mein Öhrchen hinein,
Als wollte sie, dass ich mein Gehör verlöre!

Saugte mich auch, die fiese Laus,
Auf Haut und Knochen, dann ging sie hinaus!
Ließ mich weinend hier zurück,
Allein die Realität war mit geblieben.
War mein Pech und auch mein Glück!
Hat mich selbst noch nicht vertrieben.

Nach der Frage

Schweigende Stille, die Frage im Raum,
Manche flüchten sich in einen Traum,
Andere blicken verlegen zu Boden,
Äußerste Vorsicht ist geboten,
Um ja weiter still zu sitzen,
Ganz leise, ohne dass Gedanken blitzen.

Und der suchende Blick des Fragenden
versucht die Antwort des Sagenden
zu erkennen, den Richtigen zu nennen,
Ohne die Ausflüchte der Schüler zu kennen.

Man versucht nicht zu atmen, um stiller zu sein
als der Nachbar und es findet sich kein
Mensch, der sich getraut zu sprechen
und das allgemeine Schweigen zu brechen.
Bis die klagenden Worte des Lehrers sie treffen
und es nichts hilft den Toten nach zu äffen.

Einer muss vor, einer muss etwas sagen,
Muss sich opfern, darf nicht klagen.
Spricht, erlöst so alle andern,
Bis sie wieder auf Fragen zuwandern
uns wieder das Schweigen den Raum erfüllt!

Babys

Babys schreien, Babys weinen,
Babys können gut verneinen,
Haben Hunger und volle Windeln,
Können uns den Schlaf vorschwindeln.
Wollen nicht ruhen oder schweigen,
Sondern ihre Probleme zeigen.

Doch ohne das Lachen des ersten Kindes
gäbe es keine Elfen in den Geschichten des Windes.
Ohne diese strahlende Augen
könnte niemand an Glück auch nur glauben.
Und ohne das sanfte Gesicht, wenns noch träumt,
Hätte die Welt ein Wunder versäumt.

Da erträgt man doch gerne das nervige Klagen,
Wenn diese Wesen Leben weitersagen.
Jedes Baby ist ein Geschenk,
Der Mutter Erde zum Gedenk´!

Schaumbad

Warmes sanftes Nass
schließt sich langsam um die nackte Haut.
Spült weg Angst, Zweifel, Hass,
Zeigt Wahrheit, wenn man genau hinschaut.

Umringt erst die Zehen, dann den Fuß
mit weißem, weichen Schaum
und reiner Rosenblütenduft
benebelt wie im Traum!

Ich sink und sinke, versinke sogar!
Möchte eingehen in diese Reinheit,
Die dieses Wasser versprüht so klar.
Da spür ich meine Kleinheit!

Die Wurzel im Wasser, das mich wäscht,
Von dem ich trink´ und leb´!
Die Wurzel hier ist wahr und echt,
Von allem was ich nehm´ und geb´.
Und wärmend trägt es mich dahin
zu jedem Bisschen, das ich bin!

Sonnentag

Warm umschwärmend – Sonnenschein,
Friedliche wärmend – schlafe ein.

Sanfter Wind und helles Licht,
Auf Arbeit bin ich nicht erpicht.
Nur träumen, Sinne schweben lassen,
Nur noch fühlen, nichts erfassen.

In Farben baden,
Durch Gedanken waten,
Frei fliegen, wandern gehen,
Die Schönheit des Jetzt anzusehen.
Sonnenbad genießen,
Hohe Seelen weiter fließen.

Bin in Ruhe, holder Schein
der Stille fängt mich endlich ein,
Nimmt mich gefangen, hält mich fest,
Gibt Erfüllung für den Rest
des Tages, dem ich nicht kann entkommen,
Des Gewalttätigen, des Frommen

Party des Lebens

Ganz gespannt: Was wird geschehen?
Um wie viel Uhr werden die Ersten gehen?
Wann werden die Ersten kommen?
Welche Hürde zuerst genommen?

Wohin wird unser Weg uns führen?
Wie viel Schmerzen müssen wir spüren?
Ist unser Schicksal vorherbestimmt,
Oder können wir selbst entscheiden?
Werden wir nur aufs Gewinnen getrimmt,
Um alles Veränderndes zu meiden?

Dann wird dies unser Ende sein,
So sehr wir uns auch wehren,
Übrig bleibt nur kaltes Gebein
und niemand wird uns ehren!

Ohne Leben, ohne das Echte,
Wird keiner an uns denken!
Nicht an das Gute, an das Schlechte,
Niemand wird uns ein Lächeln schenken!

Das zuzulassen wäre fatal,
Unsere Leben nur noch banal!
Soll dies unser Ziel gewesen sein?
Ein bittrer, verkorkter, hässlicher Wein?

Ich bin für eine Revolution,
Ewiges Gedenken sei unser Lohn.
Das Leben soll zur Party werden,
Einer einzigen ohne Ende,

Wie es sie nie gab auf Erden.
Ja, das bringt uns die Wende!
Ein riesiges Fest voll unendlichem Spaß,
Voll Spielen und Lachen, das wäre doch was!
Situationskomik für jeden,
Keine leeren, langweiligen Reden,

Nur pures Glück, Wahres für jedermann,
Eine kleine Pause, dann und wann,
Um beim Weiterfeiern fit zu stehen,
Dann werden wir lange noch nicht gehen!

Lasst uns leben, wie es ist,
Jede Minute ist nur einmal da,
Werden wir irgendwann vermisst,
War unser Leben ehrlich und wahr!

Wir haben nur eine Chance zu handeln,
Die ganze Welt, uns, umzuwandeln!

Feiertagsgedichte

Zur goldenen Hochzeit

Liebe ist´s um die´s heut geht!
Nicht nur um diese Beiden.
Liebe, die ewiglich besteht
schafft alle noch so schweren Zeiten!

Zu erklären ist Liebe schwer,
Man weiß, dass es sie gibt,
Hat man, ist´s auch schon lange her,
Einst jemanden geliebt.

Wenn die Mutter ihr Kind im Arme hält,
Das Mädchen mit der Puppe lacht,
Sie glücklich in seine Arme fällt,
Und große Männer achten sacht
darauf auch keinen Fehler zu machen,
Immer für sie da zu sein!
Man vermisst das gemeinsame Lachen,
Und ohne ihn ist sie so allein.

Dann muss wohl Liebe dahinter stehen,
Die 50 Jahre hält und noch länger,
Die es schafft durch die Hölle zu gehen,
Durch Höhen und Tiefen, ohne Hänger.

Aus Liebe müssen Engel sein,
Drum kann man sie nicht sehen,
Denn etwas, was so klar ist und rein,
Würde auf Erden untergehen.
Solch ein Gefühl je zu verspüren,
Das ist das größte Glück auf Erden,
Also will euch heut küren,
Dass ihr sollt ewig glücklich werden!

Der Morgen

Leise kam der Morgen herein
und die Sonne hat sich an dich geschmust.
Der Wind deckte den Tisch gar fein,
Wie du es sonst tust.

Vögel haben dich wach gesungen,
Engel haben dich beschenkt.
Es hat nach purem Glück geklungen,
Die Liebe war auf dich gelenkt.

Gott hat dir gratuliert, wie ich es jetzt tu,
Mit den Schönheiten seiner Welt.
Er schenkte dir himmlische Ruh´,
Freude und Liebe, von mir bestellt!

Siehst du?

Siehst du das Glitzern der Sterne,
Dort am Himmel, in der Ferne?
Dort überm verschneiten Tannenbaum
sehen sie aus ganz wie im Traum.
Sag, siehst du sie nicht gerne

Hörst du der Engel Lieder,
Die hallen im Tale nieder?
Geburtstagslieder sollen es sein,
Fürs Kinde aus der Krippe klein.
Sag, hörst du sie nicht immer wieder?

Spürst du das Wunder dieser Zeit,
Das versprüht ist weit und breit?
Glück und Freude liegen in der Luft
und Apfel-, Zimt- und Tannenduft.
Sag, spürst du nicht die Herrlichkeit?

Weihnachten

Sobald schon ist der vierte Advent,
Sobald schon heiliger Abend,
Das Fest, das fast jeder auf Erden kennt,
Für alle Hetze erst mal ein End´!

Sie huschen und kuschen durch Ladenpassagen,
„Ich hab´ das beste Geschenk!"
Ärzte legen Venendrainagen
dank unsinnigem Geplänk´!

Seit August warten schon
Schokonikoläuse in den Regalen.
Blanker Zuckerbäckerhohn,
Doch jeder will noch früher prahlen!

Adventskalender im Oktober,
Wer braucht dazu schon Advent?
Und im November trägt jeder Ober
ein weihnachtlich rotes Hemd!

Adventskränze gammeln auch
bei ersten brennenden Licht.
Sag, ist das nicht schon immer Brauch?
Ist es? Ist es nicht?

Plastikbäume erstrahlen hell,
Wenn die echten noch ungefällt,
Tiere haben noch kein Winterfell,
Da wird jedes Haus von Lichtern erhellt,
Die in jeder Regenbogenfarbe scheinen,
Noch ehe Kinder wegen der Kälte weinen!

Lebkuchen und Plätzchen tauchen auf,
Ehe der Sommer vergangen.
Tja, so ist der Dinge Lauf,
Mitgefangen, mitgehangen!
Durch Weihnachten erschlagen dann,
Ist man Mitte Dezember.
Da fangen die Feiertage an.
Drei ganze an der Zahl!

Und keine Angst, denn gleich danach
liegt kein Laden ärmlich brach.
Sylvesterkracher – eine Woch´,
Dann kriecht ein Hase aus einem Loch,
Denn Ostern ist ja schon im April,
Worauf der Nikolaus in die Regale zurück will!

Weihnachtswunder

Geweihte Nacht, wie wunderbar,
Voll Einigkeit und Liebe.
Dezember ist's, in diesem Jahr,
Wenn er doch immer bliebe!

Schneeflocken künden das Wunder an,
Das Wunder der heiligen Nacht,
Das immer wieder kehren kann,
Mit Scheu und mit Bedacht!

Oh Wunder, geh doch aus dir raus,
Versüße uns das Leben,
Bald gehst du schon in Saus und Braus,
Kannst doch so vieles geben!

Das ganze Jahr erwarten wir
den Einklang dieser Zeit,
Doch scheint er jetzt nur fade Zier,
Nichts Echtes, weit und breit!

Da zeigt die Liebe ihr wahres Gesicht,
Denn Wunder, das ist die!
Und reine Wahrheit aus ihr spricht,
Denn sie verlässt uns nie!

Natur

Gebirge

Die Sonne scheint, die Wolken wandern,
Sanfter Wind mit kaltem Hauch.
Gedanken schweifen von einem Raum zum andern.
Sinnen nach Freiheit aus grauem Rauch.
Die Berge klar in weiter Ferne
scheinen wie Mauern und rettendem Ziel.
Sie besteigen, besiegen, so gerne
flüchte ich schnell vor diesem Spiel!
Im Schatten der Wälder, die Vögel singen.
Beeren essen, Quellwasser trinken,
Mit Einsamkeit und Ruhe ringen,
In Friede und Angst langsam versinken.
Doch die Gefahr von grauem Nebel
lauert in der Häuser Blick.
Zu viele verhängnisvolle Hebel
greifen nach meinem weißen Genick!
Wo Freunde warten, wartet auch Tod,
In Freiheit sterb´ ich an Einsamkeit.
Ich suche das helfende Gebot,
Denn niemand fand es in der Zeit!
Der Mittelweg scheint hier verloren,
Gemeinsam oder frei verwesen,
„Für den Tod allein geboren",
Wird in den Schicksalen gelesen.
Die großen Berge versprechen Glück,
Doch auch ihre Schönheit ist trügerisch!
Aus Freiheit flüchte ich zurück,
Keine Regel im Alleinsein erschrickt mich.
Steh wieder am Fenster, Blick in die Weite,
Träume von Freiheit in Gemeinsamkeit.
Und wenn ich auch ins Verderben schreite,
Wird es mir niemals tun Leid!

Der Berg

Beeindruckend groß und alt,
Erst sanft warm, dann langsam kalt.
Grün, Grau, Braun, Blau und Weiß,
Tiefe Seen, weiter Wald, Schnee und Eis.
Träumerisch in neuer Weise,
Voller Leben, doch so leise.

Heim von tausenden Wesen,
Kann man dort Geschichte lesen.
Jahrhunderte hat er schon gesehen,
Blieb trotz aller Nöte stehen.
Birg Gefahren und beschützt.
Beruhigt, bewacht, schadet und nützt.

Noch viele wird er überleben,
Noch vieles Neue wird er geben.
Es ist der Berg, von dem ich´s hab.
Ein Riese, der schon so viel gab.

Der Schmetterling

Im zarten Morgenschimmer
erwacht der Schmetterling
in seinem Kokonzimmer,
Gibt sich dem Leben hin!

Kostet süßen Nektar
und tanzt im Sonnenschein,
In wundersamer Erregung
auf der Welt zu sein!

Entdeckt bei jeder Blume
wohl einen neuen Traum,
Und kitzelt von seinen Flügeln
den letzten Kindheitsflaum!

Er malt mit seinen Farben
die Erde etwas bunt,
Dass alle Wesen laben
sich an des Lebens Fund!

Verhängnisvolle Abendröte
lockt ihn schließlich an,
Hüllt ihn ins Vergessen
und schläfert ihn dem Tod entgegen!

Das Mäuschen

Der erste warme Frühlingswind
streift durch den immergrünen Wald,
Die Vögel auf dem Heimweg sind,
Die Katzen werfen bald.

Die Bären wachen langsam auf,
Die ersten Blumen sprießen,
Kleine Knospen springen auf,
Der klare Regen wird sie gießen!

Am Tag ziehen weiße Wolken vorbei,
Des Nachts ist der Himmel sternenklar,
Ein paar Kokons brechen entzwei
und Wintertage werden rar!

Noch braucht man dicke Jacke und Schal,
Warme Socken und heißen Tee,
Einen gut beheizten Saal
und der Hals, der tut noch weh!

Noch ein paar Tage, vielleicht noch Wochen,
Und der Frühling hat uns erreicht,
Das Mäuschen kommt aus dem Loch gekrochen,
Die Wärme alles erweicht!

Mäusemord

Es ist Nacht, im Mondlicht sitzt
die Maus, die ihre Ohren spitzt.

Von weitem hört sie den Uhu schrei´n,
Und mutig stellt sie sich aufs Hinterbein,
Um noch mehr von der Welt zu sehen,
Da sieht sie dort die Katze gehen.

Dort auf dem Dach stolziert sie entlang,
Die Maus wär wohl der rechte Fang,
Doch sie ist satt, hat schon gegessen,
Ist auf etwas ganz anderes versessen,

Hält nach dem hübschen Kater Ausschau,
Und dieser, der weiß ganz genau,
Dass sie wartet, wo sie ist,
Da kommt er auch schon angeflitzt,
Singt ihr laut sein Liebeslied,
Wie es ihm sein Vater riet.

Zweisam gehen sie schreiend fort
und es geschieht kein Mäusemord!

Bonsai

Ein winziger Greis
Von Falten übersät.
Der ewige Kreis
In seine Rinde genäht.

Seine Knospen werden vom Morgentau
Seit Jahrhunderten benetzt.
Und schon manche unglückliche Frau
hat sich weinend neben ihn gesetzt.

Seine dicken Blätter sind schwer
So klein und zierlich sie auch scheinen,
Doch setzt er sich nie zur Wehr.
Umgeben von einem reinen
Geist bleibt er tief verwurzelt.

Jahre kommen, Jahre gehen.
Ihn können wir allezeit sehen.
Er bleibt tief verwurzelt.

Der winzige Greis, Bonsai genannt.
Lebensweisheit in seine Rinde gebrannt.

Das Meer

Tief, weit, salzig, blau,
Weißer Schaum, geheimer Grund.
Flüstert rauschend, gewisslich, genau,
Von seinem schaurig-schönen Bund.

Nichts mächtiger, außer dem Gott,
Der es schuf, heiligend, verdammend.
Als Ausbruch von sicherem, lahmen Trott,
Sich ewig in flehende Seelen rammend.

Vernichtend, verschlingend, zerstörerisch, ungebändigt,
Versorgend, rettend, beherrscht, gelobt.
Ich bin ihm glücklich, hilflos ausgehändigt,
Es herrscht als mildes, strenges Gebot.

Aus ihm kam Leben, einzellig klein,
Dort muss auch für alles das Ende sein!

Nach dem Sommerregen

Die Regenwolken verziehen sich
und die Sonne spiegelt sich am Fenster,
Da fliegend, ganz wunderlich,
Entschwinden die Gespenster!

Blumenelfen tanzen versteckt,
Die Vögel singen laut,
Eben noch von Wolken bedeckt,
Werden jetzt Sonnenstrahlen gebaut!

Regenbogen in Regenpfützen,
Mittagssonne erhellt den Tag,
Wonnestrahlen, die jedem nützen,
Glaub ruhig, was ich da sag!

Der graue Tag wird doch noch hell,
Warm und lustig werden,
Dies geschieht nun mal ganz schnell,
Hier, bei uns, auf Erden.

Dann geht alles gleich viel leichter,
Macht gute Laune und mehr Spaß,
Dicke Lüfte werden seichter,
Denn im Sommer gehört sich das!

Hitzesonne

Sommerliche Hitze brütet,
Mancher Choleriker wütet
und brennend droht die Sonne
zu streichen jede Wonne,
Die Seen aus zu dünsten,
Und es verzagen auch die Kühnsten!

Es stinkt nach Schweiß, nach Faul,
Nach Ekel aus jedem Maul!
Die Blumen welken ohne Schutz,
Es bleibt uns auch kein schöner Putz.
Die Kinder schreien: „Es ist zu heiß!"
Denn in Sekunden schmilzt das Eis!
Trockene Haut, klebriger Mund,
Im letzten Schatten sitzt hechelnd ein Hund.
Windstille, Sonnenglut!
Überschwemmt von Hitzeflut!

Feuerteufel tanzt und lacht:
„Leute, es hat Spaß gemacht!"

Wasser

Ein Tropfen Wasser, ein winziges Ding,
Kann kostbarer sein als jeder Edelsteinring!

Ein Tropfen Wasser, Perle des Lebens,
So viele suchen ihn vergebens!
Trocken ihr Land, dem Tode geweiht,
Durstige Mäuler aufgereiht.
Pflanzen verkümmern ohne tiefe Wurzeln,
Weil keine Tropfen vom Himmel her purzeln!

Ein Tropfen Wasser, bei uns ganz normal,
Verschwendung desselben scheint uns so banal!
Wir waschen, putzen, trinken, kochen,
Als sein nie jemand verdurstend gekrochen!
Wir spielen im Sommer mit dem kühlen Nass,
Dank Übermaß ohne Unterlass!

Ein Tropfen Wasser macht das Fass voll,
Lässt es überlaufen, macht die Sturmflut toll,
Reist alles mit sich auf seinem Weg,
Auf dass sich nichts unter seiner Macht mehr reg
und leise hofft man, dass kein Wasser mehr fließt,
Keine neue Quelle aus dem Berge sprießt!

Ohne zu wissen, das wo anders auf Erden
diese Wünsche Wirklichkeit werden!

Schneeflockentanz

Bald tausend Schichten, mehr und mehr,
Ohne Erbarmen wehen sie hin und her.
Ein Tanz in der Luft mit Tango und Cha Cha,
Voll Walzer, Foxtrott, Mambo und Samba.

Immer im Takt tanzen sie aus der Reihe,
Alles strahlend weiß, wie zur Brautweihe!
Sie springen und hüpfen auf Bäume und Dächer,
Auf Wiesen und Felder und werden noch frecher!

Auch bunte Mützen werden bedeckt
und manch eine Hand nach den Tänzern sich streckt.
Sie werden geworfen, zum Bauen genutzt,
Mit allerlei Unrat auch beschmutzt.

Sie tanzen zum steten Lied des Lebens
und nirgendwo sind sie vergebens.
Sie bringen Freude in Kinderaugen
und können auch für Erwachsene taugen.

Wird es zu arg, schmelzen sie zurück,
Bis nächstes Jahr, zum neuen Glück!

Sturm

Schicksalswolken

Düstre graue Regenwolken
Rufen laut: „Du bist allein".
Von Gottes Händen frisch gemolken,
Lassen sie mich nicht schrei´n.

Ziehen weiter, reisen mit
alle Wünsche, Träume,
Treiben an mit einem Tritt,
Stürzen um die Bäume.
Die Sonne verdeckt,

Hört keinen Ruf, kein Klagen.
Ich halte mich bedeckt, versteckt,
Trau nicht zu sagen, fragen.
Der Regen platscht, der Donner laut,
Blitze zerreisen die Nacht!
Einsam bekomme ich Gänsehaut,
Vom kleinsten Geräusch erwacht!

Zieht weiter ihr Wolken, geht eure Bahn,
Lasst mir mein Leben, meinen Wahn!

Sturmnacht

Es bläst und pustet wild der Wind,
In seinem Bett liegt zitternd das Kind.
Das Laub fliegt heute nicht allein!
Wohl wahr, es muss ein Sturm hier sein!

Lauter Geräusche. Woher? Wohin?
Bin ich denn sicher, auch hier drin?
Kanonengleiches Donnergrollen.
Ob wir noch nach den Blumen sehen sollen?
Die draußen stehen, vom Winde verweht,
Wo motorbetrieben der Wetterhahn sich dreht.

Prasselnder Regen, stechend wie Pfeile.
Es dauert wohl noch eine Weile,
Bis es wieder ruhig ist da draußen.
Hach, wie kann der Wind auch sausen!
Macht Musik, spielt gar ein Lied,
Zeigt die Macht, über die er gebiet.

Und drinnen im Bettchen, da schläft ja schon
das Kindlein still, hört keinen Ton
in seinem Traum, und es träumt gern,
Denn dann sind Sturm und Ängste fern!

Regenlied

Es regnet über deutschem Land,
Ich sehe die Tropfen spritzen,
Hör auf das Klatschen, bin gebannt,
Bleib in Gedanken sitzen.

Die Tropfen singen mir ein Lied
von neuen Welten ungesehen,
Von Wiederkehr, ewigem Abschied,
Von nichts, das kann bestehen.

Sie singen lauter, schreien fast,
Das Lied wird wild, brutal,
Sie schreien, laut ist ihre Hast,
Das Leben wird banal!

Wenn ich ihren Liedern lausche
und schreckliche Schicksale erfahr´,
Wenn ich durch Regenstürme rauche
und sehe, was ich nie sah!

Die Tropfen verstummen mit einem Mal
und einsam bleib ich zurück,
Aus ihren Worten ich mir stahl:
„Finde, genieß dein Glück!"

Sturmwind

Der Wind, er weht,
Er pustet und stürmt,
Die Wärme geht,
Sie flüchtet und türmt!

Kalter Hauch im Blätterspiel,
Und Wipfel schwingen wild!
„Das ist noch nichts, da kommt noch viel"
So bietet er ein neues Bild!
Von Ästen, die er brechend besiegt
Und schwarzen Vögeln, die kläglich fliegen,
Der Wipfel der größten Tanne wiegt,
Er kann sie alle kriegen!

Und lachen prustet er immer weiter.
Er weht gehässig übers Land,
Unerbittlich rasender Reiter,
Unaufhörlich stürmendes Band!

Beherrschter Wind

Wind. Durch mein Haar,
Zerzaust es im Spiel!
Wind klettert zu meinem Hosenbein rein,
Gänsehaut fiel
auf mich, die ich hier stehe
im ruhigen, kühlen Wind.

Wind. Der mich treibt,
Dorthin, wo wir sind,
Wo wir waren und sein werden.
Wind bläst in meine Segel.

Wind, pustet und prustet, ein Wolf.
Die armen Schweinchen, wir armen.
Wind, gehässiger Freund, der uns zeigt,
Wie wenig wir doch beherrschen können.

Schwarze Wolken

Wenn man mich sieht

Wenn man mich sieht, so denkt man nicht,
Wie leicht so was auseinander bricht.
Doch meine Seele ist zerbrechlich wie dünnes Glas,
Glaube mir das!

Schon schwer verwundet schleppt sie sich weiter,
Damit sie irgendwann wird heiter.
Aber so viele Niederlagen und Angriffe zu überstehen,
Wird das denn gehen?
Ohne Hilfe, da keinem sie traut,
Sucht sie jemand der diese Mauer abbaut.
Die Mauer, die sie selbst zum Schutze schuf.
Doch nun hört keiner ihren Ruf!
Den Ruf um Hilfe und um Liebe,
Aber bis jetzt fand sie nur Diebe,
Die sie ausnahmen und verletzten,
Und dann schnell weiter hetzten.
Also pass auf deine Taten auf,
Sonst nimmst du den Tod einer Seele in Kauf.

Ob meine noch zu retten ist,
Oder irgendjemand sie vermisst?
Wir werden es sehen,
Wenn alle Wege zusammen gehen.

Es verfolgt mich

Es verfolgt mich der Hass,
Den man mir entgegen bringt,
Gefährlich rollend wie ein Fass,
Während man von Frieden singt.

Es verfolgt mich der Hochmut,
Der mir täglich begegnet,
Der höchstens denen gut tut,
Die man dafür segnet.

Es verfolgt mich das Ausnutzen,
Das man bei mir leicht kann,
Wo ich, ohne zu stutzen,
Helfe dann.

Es verfolgt mich die Einsamkeit,
Die man mir auferlegt,
Die von Zeit zu Zeit,
Zu wenige zum Protest bewegt.

Es verfolgt mich die Angst
vor all diesen Gefahren,
Doch du sollst, auch wenn du bangst,
Dein Gesicht treu bewahren!

Dämonen

Zerklirrte Träume, zerstörtes Glück,
Nie wieder kommt das zurück!

Verlorene Hoffnung, gestohlene Liebe,
Wer waren nur diese Diebe?
Die nehmen ohne wieder zu geben,
Und unter uns als Freunde leben,
Die verletzen nur zum Spaß,
Für die Neid ist der Lebensfraß.

Sie zu enttarne mag schwer sein,
Denn sie stecken in jedem ob groß, ob klein
Dämonen, die uns befallen,
So dass uns Hass und Krieg gefallen.
Wehrt euch bevor wir untergeh`n,
Denn dann gibt es kein Auferstehn!!

Trauer

Du hast versprochen zu mir zu kommen,
Du hast mich rufen hören.
Dein Antlitz war noch so verschwommen,
Doch deine Nähe konnte ich spüren.

Ich hatte alles was du brauchst
gerichtet und behütet.
Jetzt, wo du keinen Atem hauchst,
Ist alles durchgewütet.

Dein Name, ich schrieb ihn im goldenen Licht,
Den schönsten wollt ich dir geben,
Doch jenes Licht, das siehst du nicht
und niemals wirst du leben.

Dein Herz es schlug im rechten Takt,
Ich wollt dir alles zeigen.
Jetzt fühlt mein Herz sich abgehackt.
Du warst mein Schatz, mein Eigen.

Noch heute will ich zu dir gehen,
Meine Arme um dich schießen,
Deine neuen Augen sehen,
Dich ganz und gar genießen.

Doch nie darf ich dein Haar berühren,
Niemals deine Stirn küssen.
Diese Leere werd ich ewig spüren
und dich auf ewig vermissen!

Mein Vogel

Die Dunkelheit, verkleidet als Mann,
Griff nach mir, mit langen, dünnen Fingern,
Als ich saß und nach dem Vogel sann,
Meinem kleinen, grauen Singer,
Dessen Lied die Welt erfreute
und Wärme in mein Herz gebracht,
Weshalb ich weinerlich bereute,
Nur einmal nicht an ihn gedacht.

So kam das Dunkel, wollt mich holen,
Als ich mich konnte nicht wehren.
So hinterlistig und verstohlen,
Damit ich nie zurück könnt kehren.
Ich weinte nur und ließ es lassen,
Hat ich doch mein Glück verloren.
Es wollt nach meinen Träumen fassen
und Löcher in mein Herz rein bohren.

Einen einzigen Schrei, kurz und voll Schmerz,
Tat ich, falls doch jemand an mich denkt,
Da hörte ich ihn, mein Herz,
Der Vogel, der mich zum Licht nun lenkt.
Ich fing an zu kämpfen, es hielt mich fest,
Bis das Dunkel höhnend gab auf,
Denn mit dem letzten bisschen Rest
rief es: Ich komm wieder, verlass dich drauf!

Die Träne

Erst das Gefühl, als müsste man sterben,
Als würde das Leben schwarz sich färben.
Machtlos, verzweifelt, verlassen, allein,
Als könnte man nie wieder glücklich sein.

So, als würde jemand die Seele zerschlagen
und in die dunkelste Hölle tragen,
Als hätte man das Herz herausgerissen
und in den tiefsten Schmutz geschmissen.

Von Dämonen längst ereilt,
Zu lebenslangen Qualen verurteilt.
Dieses Gefühl drückt sie aus,
Muss sie aus ihrem Heim heraus.

Kalt und salzig auf der Haut,
Rinnt sie über die Wange.
Danach ist alles abgebaut,
Doch so ein Rinnen braucht lange!

Die kleine Träne rettet uns, weil wir dann überwinden,
Was gemeine Teufelchen in unseren Seelen finden.

Aus Trauer wird Hass, Hass führt zum Tod,
Also traut euch zu weinen, sonst sehe ich rot!

Schlafes Bruder

Blutlache

Es presst sich hervor,
Klein und nass,
Aus dem unendlichen Rohr,
In dem es saß.

Stürzt hervor, schillert im Licht,
Rinnt und tropft herab.
Hinter dem Tropfen eine Flut losbricht,
Die Flut, für die er warb!

Warm, eisendurchtränkt, rot.
Es fließt und fließt und fließt.
Fließt ohne Unterlass aus seinem Boot.
Mit gleichmäßigem Druck schießt
aus den Adern, aus dem Herz.
Verlässt, bereitet großen Schmerz,
Bis leer und tot der Körper liegt
allein in einer Lache aus Wut.

Wurde von der Welt besiegt.
Gab dafür all sein Blut!

Mein Ende

Ich sehe mein Ende kommen,
Der Tunnel führt zu keinem Licht!
Alles Hoffnung weggeschwommen,
Mein Herz so schleppend mir zerbricht.

Die Tränenflut riss alles fort
und nichts, kein Traum der mir noch bleibt,
Verloren, vergessen in Ewigkeit!
Meine Seele entrinnt mir durch den Mund,
Der vergeblich nach Atemluft ringt,
Auch all mein Wasser floss in den Schlund,
Der jetzt mein Totenlied singt.

Mein Herz versagt, mein Leben verschwunden,
Ich vegetiere zombiehaft.
Hab mein ewiges Bett gefunden.

Schlafen – Ruhe – keine Kraft.

Der Tod

Mit leisen Tritten, ganz verstohlen,
Kam er, um mich abzuholen.
In schwarzer Kutte eingemummt
hat er die Todeshymne gesummt.
Holte mit der Sichel aus,
Mich zu holen in sein Haus.

Ich sah ihn an und fragte leise:
„Glaubst du, dies zu tun sei weise?
Eh ich gelebt mich sterben zu lassen,
Dann müsste ich so viel verpassen.
Auch du magst deinen Beruf nicht sehr,
Doch werden es täglich immer mehr,
Die du musst ereilen.
Wir können nicht verweilen
in diesem, unsrem Leben,
Wir müssen es dir geben.
Ob klein, groß, krank, gesund,
Ob mit vollem oder mit leerem Mund.
Aber ich habe hier noch etwas zu tun,
Ich kann noch nicht in Frieden ruh´n.
Es gibt hier Menschen, die mich brauchen,
Mich lieben und missen, auch wenn sie mal fauchen.
Lass uns das Treffen doch verschieben,
Lass mich noch über mich selber siegen!"

Er sprach kein Wort, sah mich nur an.
Ich wusste nicht, dass er lächeln kann.
„Heut soll ich nur die Nachricht bringen,
Du sollst mit deinem Leben gewinnen.
Beim nächsten Mal gehst du mit mir,
Nur heut leb weiter, jetzt und hier!

Todestanz

Dunkel hat die Nacht
ihren Freund, den Tod, gebracht.
Schleicht umher und bestimmt,
Wen er jetzt für immer nimmt.

Der greise Mann, er ist schon krank,
Liegt dort allein auf einer Bank
Die alte Frau, die keiner besucht,
Die schon leise das Leben verflucht.
Das Drogenkind mit Augenringen,
Das keiner kann zum Leben zwingen.

Und dort das kleine Baby auch,
Es kommt noch frisch aus Mutters Bauch,
Schreit kräftig, könnte lange leben,
Doch diese Gunst ist nicht gegeben.
„Nein!", schluchzt die Mutter flehend,
„Nicht mein Kind, es ist mein Leben!"
Der Tod sieht sie dort weinend, stehend,
Er könnte es wohl ihr geben,

Doch nimmt der Tod ohne Erbarmen
von allen, die zu Leben kamen!

Der Sterbende

Kann nicht mehr weiter,
Die Beine versagen,
Einst mutiger Streiter,
Werd ich nun getragen.

Die Wiederbelebung, kläglich gescheitert,
Und allein das freut,
Vom eigenen Tod aufgeheitert
sterbe ich heut!

Kann mich entziehen jedem Druck,
Der mich am Ende doch erdrückt.
Mit einem allerletzten Ruck
bin ich dem Leben entrückt!

Tiefes Schweben im elysischen Feld,
Für den letzten Atemzug ohne Geld.
Auch der letzte Ausbruch gelingt,
Alles stimmt
und ich gehe …

Wahres

Die Zeit

Sie hetzt uns stetig, jeden Tag.
Fordert uns unerbittlich.
Verspricht uns nur den dunklen Sarg,
Aber den gewisslich.

Die Zeit lenkt unser Treiben,
Wird immer unser Herrscher bleiben.
Uns versklaven, lenken,
Ganz wie es ihr gefällt.
Und mögen wir auch denken
es sei von uns gestellt,
So wird sie uns belehren,
Wie schon vor vielen Jahr´n,
Denn keiner kann umkehren,
Egal wie weit gefahren
er schon auf ihrer Straße ist.
Ein Ausweg bleibt ewiglich vermisst.

Doch Kompromisse macht sie.
Schenkt schöne Tage uns.
Sie ist schon ein Genie,
Ihre besondere Kunst!
Sie hält sich rar,
Bleibt kostbar.
Ein Schatz, Goldstück, ein Juwel.

Verbringen wir sie gemeinsam
gibt es nichts über ihr.
Denn alle Zeit mit dir
ist unbeschreiblich schön.
Ich lob sie in den Himmel.
Die Zeit. Die Zeit mit dir!

Mutter Erde

Es regnet in Strömen,
Die Nacht ist kalt,
Mann muss sich gewöhnen,
Die Welt ist schon alt!
Hat alle Zeiten schon gesehen,
Weiß genau, was wird geschehen.

Die Welt ist klug.
Doch auch gestraft,
Denn der Mensch im Betrug,
Raubt ihr die Kraft,
Um sie am Ende zu zerstören,
Doch er will ja nicht auf sie hören!

Sie trägt ihren Henker,
Lächelt dabei,
Denn sie ist der Lenker,
Eigentlich frei.

Doch wenn ihre Menschenkinder sich vernichten,
Hat sie keine Aufgabe mehr zu verrichten,
Also stirbt sie mit ihnen am Ende,
Außer wir schaffen, für sie, die Wende!

Probleme

Ich liebe meine Macken, meine Fehler und Probleme.
Will gar nicht wissen, wohin ich ohne sie nur käme.

Die Angewohnheiten und kleine Laster,
Gehören zu meinem Lebensraster.

Das bin ich, nicht weniger, nicht mehr.
Ich bin stolz drauf, bitte sehr!

Auch deine Macken brauch ich zum Leben,
Sonst würde es dich so gar nicht geben!

Unsere Fehler sind unser Glück.
So kommen wir weiter, nicht zurück.

Also, lass uns unsre Laster loben,
Sie bringen uns am Ende nach oben.

Das Haus der Welt

Die Erde ist das große Haus,
Der Glaube soll der Vater sein,
Die Wahrheit zog vor kurzem aus,
Die Arroganz ist schon lang nicht mehr klein!

Der Krieg steht mit wutverzerrtem Gesicht in der Ecke,
Ausgetrickst wurde er von der Lüge,
Der Frieden versteckt sich hinter ´ner Hecke,
Die Hoffnung verzweifelt, sie kennt das zur Genüge!

Der Ehrgeiz sitzt faul am Tisch,
Die Ordnung lässt ihren Abfall liegen,
Die Natur betrachtet skeptisch sich,
Und die Vernunft hat verlernt zu siegen!

Die Menschheit schläft noch, hat geschlossene Augen,
Die Mutter Geduld steht wütend daneben.
Bald wird sie dem Baby die Idylle rauben,
Oder das Haus wird es nicht mehr geben!!

Der kleine Rebell

Er rennt, breitet die Flügel aus,
        kann doch nicht fliegen.
Er rennt und ruft, in Saus und Braus,
        kann doch nicht siegen!
Das kleine Gesicht so wütend verzerrt,
Verliert Unschuldigkeit ihren Wert.

Er jagt verzweifelt, schreit und tobt,
        Ohne Beachtung,
Wird für Verschlossenheit gelobt,
        Traurige Betrachtung.
Die winzigen Tränen, im Innern verstummt,
Das rege Herz vereinfacht, verdummt.

Der starke Wind könnt ihn doch tragen,
Die Tiere sich ergeben,
Doch wie kann er so etwas fragen?
Wie seine Kindheit leben?

Der gute Gott, er sieht und weiß,
Auch aus ihm wird einst ein Greis.
Er schickt seine Engel aufzupassen.
Der kleine Rebell ist doch nicht verlassen!

Zeit zu schreiben

Zeit zu schreiben, sie ist dann
Wenn nichts anderes mir noch helfen kann,
Wenn alle Gedanken Unfälle bauen
und meine Gefühle sich selber nicht trauen,

Wenn Schmetterlinge in meinem Bauch
Wilde Purzelbäume schlagen,
Und meine Herzklopfer sich bis zur Haarspitze wagen,

Zeit zu schreiben ist für mich
Bei jedem meiner Gedanken an dich,
Bei jedem wärmenden Sonnenstrahl,
Jedem Leiden, jeder Qual.
Bei jedem einzelnen Schneekristall.

Schreiben ist mein Seelenheil,
Mein Mittel gegen Depressionen.
Und ist mein Weg auch sehr oft steil
weiß ich, dass meine Worte lohnen.

Lebensweg

Der Weg, den man sucht, ist oft nicht wichtig,
Der Weg, den man nimmt, ist manchmal nicht richtig,
Der Weg, den man will, ist meist kompliziert,
Im Weg, den man verlässt, hat man sich wohl geirrt,

Der Weg, den man beneidet, ist schon vergeben,
Und jeder Weg darf nur einmal leben,
Die Wege, die man begleitet, muss man irgendwann verlassen
und sich mit der Suche nach dem eigenen befassen.

Das ist schwierig und dauert sehr lange,
Oft wird einem dabei angst und bange,

Doch hat man zum Ende seinen eigenen Weg gefunden
ist man zwar ewig an ihn gebunden
und hat davon manchmal nicht viel,
Aber man erkennt das eigene Lebensziel!

Rennen

Ich renne durch den Wald, so schnell ich kann,
Denke nicht an wie, wo und wann,
Nur Rennen, schneller, pure Ekstase,
Ich fliege, ich eile, ich schnaufe und rase.

Immer weiter, nur nach vorn´.
Der Wind pfeift laut um meine Ohr´n.
Ohne Ziel einfach nur rennen,
Ohne den Grund, das Wofür zu kennen.

Immer auf der Suche, ohne Beweise,
Es knacken die Äste und doch ist es leise!
Ohne Halt, bloß keine Hast,
Alle Gedanken nur schnöder Ballast.

Ich werfe alles ab, ohne Acht,
Nichts, nein nichts hat über mich Macht!
Wenn ich stoppe, bin ich wieder gefangen,
Muss wieder um meine Seele bangen.

Ich renne weiter, denke nicht,
Und niemals kommt mein Ziel in Sicht!

Das hässliche Entlein

Das Entlein watschelt durch die Stadt.
Unbeachtet, höchstens belacht,
Verpönt und weinend zurückgelassen.
Muss man es wegen seiner Hässlichkeit hassen?

Die Mutter versorgt die anderen Entlein besser,
Der Schlächter wetzt auch schon die Messer
mit gehässigem Grinsen, wenn er es sieht,
Sagt ihm, es wäre besser, wenn es flieht.

Doch das Entlein bleibt weinend am Orte,
Erträgt verletzt die tödlichen Worte,
Lebt weiter und wächst, lernt, geht seine Bahn,
Und erwacht eines Morgens als wunderschöner Schwan.

Nur Eine

Nur eine unter vielen,
Genauso klein und grau,
Wie andre weinen, spielen,
Wie eine Maus und wie ein Pfau.

Nur eine in der Masse
mit gleichem rotem Blut,
Wie ich auch liebe, hasse
und fürcht des Feuers Glut.

Doch ist sie nicht gleich,
Wie alle sind verschieden,
Nur sie ist so hart, so weich,
Kann sich derart freuen, vor Wut auch sieden.

Es ist ihr Lächeln, ihr Glanz in den Augen,
Ihr Können, ihre Phantasie,
Was sie mag, zu was sie kann taugen,
Wollt jemand so sein, dann schafft er es nie!

Die Rose, die der Prinz so liebt,
Das eigene Kind, der Mutter Schatz.
Von allen anderen abgesiebt
lebt sie in Ruhe und Rabatz!

Der erste Schritt

Es scheint ganz leicht, ein kleines Stück,
Doch lieber als vor, geht man zurück,
Lebt da weiter, wo man nicht mehr ist,
Weil man das Verlorene so schrecklich vermisst!

Schreit laut „Wieso?", und weint ganz leise,
Will blutige Rache, in jeder Weise!
Und gleichzeitig ist man winzig und klein,
Versucht sich aus der Starre zu befrei´n,

Doch es gibt kein Zurück, und wird nie eines geben,
Wir müssen im Morgen weiterleben.
Müssen neu anfangen, neu verstehen,
Einen neuen Lebensabschnitt gehen.

Doch dürfen wir nie vergessen, was war,
Müssen uns erinnern, ganz klar.
Der erste Schritt dahin ist schwer,
Die Zukunft scheint so trostlos und leer,

Doch ist man zu zweit, Hand in Hand,
Ist das große Übel viel schneller gebannt.
Mit Freunden kann man den Schritt erreichen,
Und muss nie mehr vom Weg abweichen!

Klage

Ich klage euch an der Unmenschlichkeit,
Der größten Dummheit aller Zeit,
Der blutigen Grausamkeit, der wahllosen Morde,
Der Blindheit für Unschuld, der Ermordung der Horte,
Des tödlichen Hasses, der zerstörten Welt,
Die ihr durch eure Gewehre geschaffen habt,
Ich weiß nicht, ob ihr euch an diesem Blut auch noch labt
und kann euer Tun nicht verstehen.
Habt ihr nicht die angsterfüllten Gesichter gesehen?

Sind sie denn nicht wie die eurer Kinder?
Ist bei ihnen der Verlust denn minder?
Sind sie weniger wert als ihr oder wir?
Fehlt ihnen das Herz, die Seele hier?

Was gab euch die Macht die Entscheidung zu fällen
wann ihr Leben zu Ende ist?
Nie erste Liebe, nie zu Abschlussbällen,
Von vielen werden sie vermisst.

Ich kann Gott nicht bitten euch zu vergeben,
Ich sollte, doch das lässt mein Herz nicht zu.
Diese Kinder sollten noch so lange leben,
Doch nun bitten wir für ihre Seelenruh´!

Mythos

Der Tod der Liebe

Der Tod ist kalt, gar eisig
und aufgebahrt auf Reisig
Liegt blond und hold die Eine,
Die Ewige, die Reine,
Die Liebe, Aphrodite!
„Und ich der Tod gebiete"
ruft grausam der schwarze Mann,
Der jeden holen kann!

Verschont, bis jetzt, war sie gewesen,
„Für immer", war's zur Geburt gelesen,
Doch tückisch lacht Herr Luzifer
und schickt den Todesengel her.

Und Aphrodite, die schöne Frau,
Liegt jetzt kalt und bleich zur Schau.

Kein Mensch, der einen andren küsst,
Jemand bis zum Ende vermisst,
Kein Wesen, das für ein anderes lebt,
Das ganze Welten dafür hebt.

Keine Liebe, nur kalte Worte,
Tote und verlassene Orte,
Kein Kinderlachen, Babygeschrei,
Sorgende Mütter, Krankenbrei,

Keine lachenden Alten, die Hand in Hand
übersiedeln ins ewige Land,
Keine Hochzeit, keine wilde Nacht,
Gefühle sind tot, der Teufel hat die Macht!

90

Nur Egoismus und leere Zeilen,
Hast und Eile, kein Verweilen!
Und lodernd brennt der Scheiterhaufen,
„Alles Wichtige kann man ja kaufen".

Die Göttin brennt, verbrennt zu Asche,
Fällt zu Boden, wird zu Staub,
verschwunden, vergessen, stumm und taub.

Erst wenn wir uns besinnen
Kann sie noch den Sieg erringen

Wie der Phoenix auferstehn,
Lieben, Leben, Untergehn!

Troja muss brennen

Die schöne Helena ist geklaut
Von Paris, des Priamos Sohn.

Helena, Menalaos Braut,
Und auf die Griechen fällt Hohn.

Helena sitzt lachend in Troja,
Doch Hektor ahnt das Grauen,
Denn bald muss er, wie er war,
Dem Feind ins Auge schauen.

Agamemnon rüstet auf,
Hilft dem Bruder in der Schlacht,
Sie machen sich nach Troja auf,
Wo ein Kampf entfacht.

Die Küste eingenommen,
„Zieht euch zurück",
Die Berge erklommen,
„Und noch ein Stück!"

Dann vor den großen Mauern
müssen sie warten,
Lange wird das Grauen dauern,
Es sterben auch die Harten:

Archilles kämpft, der große Held,
Er fällt- Troja muss brennen,
Hektor stirbt, auf sich gestellt,
Die Hoffnung- Troja muss brennen.

Paris ist Tod, Helena allein,
Die Götter erzürnt- Troja muss brennen!
Man hört die Witwen trauernd schrei´n,
Verzweifelt- Troja muss brennen.

Und Odysseus entwirft ein Tier,
Ein Pferd- Troja muss brennen!
Sie machen die armen Trojaner wirr,
Schicksal- Troja muss brennen.

Laokoon warnt, doch keiner glaubt,
Verflucht- Troja muss brennen.
Er stirbt am Altar, nah am Wasser gebaut,
Tod- Troja muss brennen.

Kassandra warnt, man lacht sie aus,
Verhext- Troja muss brennen,
Und in der Nacht, leis wie ne Maus,
Der Plan- Troja muss brennen.

Soldaten steigen aus dem Pferd,
Bewaffnet- Troja muss brennen.
Erloschen ist längst jeder Herd,
Umsonst- Troja muss brennen!

Die Tore geöffnet, der Feind ist da,
Schreie- Troja muss brennen,
Sie fliehen, die ganze Trojanerschar,
Und doch- Troja muss brennen.

Aeneas flieht, das Kind an der Hand,
Es lodert und Troja brennt.
Am nächsten Morgen steht keine Wand
mehr, denn Troja ist verbrannt!

Pandora

Listige Pandora, du schreckliches Biest,
Dass du unsere Welt so vermiest.
Deine göttliche Büchse steck´ wieder ein,
Aber erst sammle das Entkommene wieder rein!

Nicht nur Krankheit, Seuchen, Todesgeweih,
Auch Hass, Neid, Krieg und Allerlei!
Der Fluch der Großen, ach lass ihn enden,
Befreie uns aus diesen tödlichen Wänden,

Gib uns doch Hoffnung, sie lebt in der Schachtel,
Gib uns die Hälfte, ein Viertel, ein Achtel,
Eine Messerspitze nur
gereicht der Menschheit zur Wunderkur.

Sieh, was deine Tat vollbrachte!
Ob Zeus darüber wohl laut lachte?

Hat niemand Mitleid mit all denen,
Die viel zu früh den Himmel sehen?
Sind nicht genug an Tränen ertrunken,
Genug von Hass und Verzweiflung ermord´?
Sind wir nicht tief genug gesunken,
Wenn man schmeißt Kinder über Bord?

Listige Pandora, verflucht seist du,
Wieso ließest du nicht diese Büchse zu?

Niobe

Große Königin Niobe,
Schöne, stolze Herrscherin.
Noch heute tut dein Schicksal weh,
Dein Hochmut war kein Gewinn!
Deine armen Kinder, ach,
Sieben Töchter, sieben Söhne.
Solch verhängnisvoller Tag,
Die Götter zu verhöhnen.
Leto, des Zeus Geliebte,
Mutter von Artemis und Apoll.
Deine Worte zu ihr, blasphemische Hiebe,
Machten das Maß voll.
Wie konntest du dich über sie stellen?
Dich wertvoller, mächtiger als sie nennen?
Dein Eigensinn schlug große Wellen
und keiner konnte schnell genug rennen!

Denn die Kinder, der Mutter Ehre zu rächen,
Eilte zu dir, zu deinem Gebrechen!
Auf dem Feld fiel der erste Sohn,
Vom Pfeil durchbohrt.
Durch deinen Hohn!
Der zweite Sohn war auch gleich tot,
Zwei während des Ringkampfs getroffen.
Fliehen und rennen half zwei weiteren nicht,
Artemis und Apollo halten Gericht!
Kein Winseln hilf, kein Hoffen!

Der letzte noch, der jüngst Sohn
bittet und bettelt laut,
Doch erhält er keinen Lohn,
Als der Pfeil sein Leben klaut.

Und Niobe jetzt trauerst du
in schwarze Kleider gehüllt.
Doch trotzdem hat dein Stolz keine Ruh,
Von Schmerz und Verlust erfüllt.
Dein Mann hat vor Trauer sich umgebracht,
Aber du denkst, es wäre gelacht,
Jetzt vor der Göttin klein bei zu geben,
Wo sieben Töchter doch noch leben.
Ja, weiter höhnst du Königin.
Fehlt dir denn jeder Sinn?

Schon stürzt die älteste Tochter hin,
Die zweite ist auch schon niedergestreckt.
Für Apolls Pfeil der nächste Gewinn,
Die dritte, mit Schwarz bedeckt.
Hetzjagd auf die Königskinder.
Sie stürzen, sterben, bluten.
Zwei Weitere erliegen ihren Schindern.
Und auch die sechste stirbt.
Die Letzte hältst du jetzt im Arm,
Niobe, große Königin, Scham
betrifft dich jetzt, zu spät.
Als dein letztes Kind in den Tod übergeht,
Ach Niobe, wirst vor Trauer zu Steine.
Und weine Niobe, ewig weine,

Du arme, einsame Frau.
Stellst nun als Marmor dich zur Schau
in deiner Heimat Asia.
Du, die einst so königlich war!

Romulus und Remus

Romulus und Remus, Geschwisterpaar,
Der Vestalin Kinder,
Ausgesetzt, noch ohne Haar,
Eine Wölfin der Finder.

Hat sie gesäugt, gezogen,
Vom Hirten entdeckt,
Der hat in Güte erwogen,
Die Kinder in seinem Haus versteckt.

Romulus und Remus, erwachsene Brüder,
Gründen eine Stadt,
Beide waren erst die Hüter,
Doch wurden an Macht nicht satt!

Rhea hat umsonst gebetet,
Mars zuviel gekriegt,
Ein Bruder hat den anderen getötet,
Pluto hat gesiegt!

Herzblut

Eine Träne

Keine Träne rollt so schnell,
So intensiv, so leicht!
Keine schimmert auch so hell,
Dass sie der Sonne gleicht!

Keine kann soviel bedeuten,
Keine schmerzt so sehr,
Keine birgt so viele Freuden,
Lässt mich zurück so leer!

Diese eine Träne kann
mich töten, mich wiederbeleben,
Und mir auch, so dann und wann,
Verhasst süße Erlösung geben.

Ob Freude, ob Trauer entscheidet nicht,
Dass es eine solche Träne wird,
Ich schenke sie nicht jedem Wicht,
Macht sie mich auch verwirrt.

Diese Träne weine ich,
Weint mein Herz nur für dich!

Im Kerzenschein

Die Hoffnung zerrissen wie ein dünnes Papier,
Das Lächeln dient nur noch zur Zier,
Denn Tränen laufen im Geist übers Gesicht
und langsam erlischt das Kerzenlicht!

Einfach so tun, als wär nichts geschehen,
Einfach den Lebensweg weitergehen,
Einfach nicht denken, sondern nur tun,
Dann kann der Schmerz vielleicht endlich ruh´n!

Doch bei jeder Geste, die sie erinnert,
Wird ihr Leid nur noch verschlimmert!

Nie wieder werden sie im Kerzenschein
sich tief in die Augen sehen.
Er ließ sie für immer hier allein,
Und wollt er auch nicht gehen!

Seelentod

Tiefer Schmerz erschüttert die Seele,
Gebrochenes Herz, mit dem ich mich quäle,
Dauerndes Bluten, tropf, tropf, tropf,
Alles Schwarz in meinem Kopf.

Einsamer Atem aus meinem Mund,
Bin krank und werde nie mehr gesund!
Unheilbar dem Seelentod verfallen,
Keine Kraft mehr, um die Fäuste zu ballen.

Zu verbrannt, um noch zu kämpfen,
Zu schwach, um meinen Verfall zu dämpfen!
Alle Tränen schon geweint,
Doch die Tränenflut nie zu Ende scheint.

Tief verwurzelter Schmerz in mir,
Alle Gedanken schwirren nur wirr.
Und nie Erlösung für dieses Leiden,
Auch nicht auf elysischen Weiden!

Hass

Stirbt die Liebe
wird der Hass geboren,
Denn bei solchem Triebe
ist jeder verloren!

Hier heißt Hass,
Du hast jemanden verletzt,
Ihn betrogen, belogen, dass
du hast seine Seele mit Tränen benetzt,

Etwas Unverzeihliches gemacht,
Ohne zu denken!
Ein Fegefeuer entfacht,
Das du nie kannst lenken!

Hass erlischt, wie alle Flammen,
Außer man legt noch Holz darauf,
Und hast du zu wenig Wasser beisammen
nimmt das Feuer seinen Lauf!

Schlafen

Ich will schlafen und vergessen,
Dass ich nicht mehr bei dir bin!
Hab noch nicht die Angst gemessen,
Die, wie eine Wolke, zieht auf mich hin.

Ich muss träumen von deinem Lachen,
Um nicht zu vergessen, was Glück doch gleich war,
Sollte verdrängen die lieben Sachen,
Sollte doch machen mich rar!

Ich will schlafen, ohne zu denken,
Wieso Kinder morgen leiden,
Ehen sich ins Verderben lenken,
Freunde müssen auf immer scheiden!

Wieso Tränen salzig brennen,
Kleine Kinder Waffen tragen,
Manche andere schlechter nennen,
Viele nicht die Wahrheit sagen!
Wieso Menschen grausam sterben,
Oder Spaß am Quälen haben,
Wieso Seelen zerbrechen in Scherben,
Egel sich am Blut erlaben.

So muss ich schlafen, hilflos von dir träumen,
Dir ausgeliefert in diesen verwunschenen Räumen!

Wärme

Kribbeln im Bauch

Herzklopfen, Kribbeln im Bauch,
Wirre Gedanken und manchmal auch
Atemnot in solchen Momenten.
Keine Macht in zitternden Händen.
Nervosität ins Gesicht geschrieben.
Wo ist mein Selbstvertrauen nur geblieben?

Lächeln muss ich immerzu,
Mein Herz gibt und gibt keine Ruh´!
Aufregung pur in meinen Adern,
Denn nun gibt es kein Hadern!
Handeln, machen, bewegen, tun,
Fühl´ mich wie ein kopfloses Huhn!

In deine Arme, deinen Arm,
Geborgen, sicher, angenehm warm.
Du und nur du erfüllst mich voll und ganz
Zauberst in mir diesen Glanz.

Dein Name, nur ein süßer Ton
aus deinem Mund und schon
gibt es für mich kein Halten mehr!
Ich lebe! Ich liebe dich so sehr

<u>Ich sehe dich</u>

Du bist weg, denkst nicht an mich.
Ich schließe die Augen und sehe dich!

Ich blicke in deine Meeresaugen,
Deren Blicke mich aussaugen,
Deren Blicke mich erfüllen,
Deren Blicke mich enthüllen,
Die ich liebe!

Ich spüre deine weiche Haut,
Deren Berührung mich aufbaut,
Deren Berührung mich verbrennt,
Deren Berührung mich benennt,
Die ich liebe!

Ich nehme deine Starke Hand,
Deren Griff mich an dich band,
Deren Griff mich zieht,
Deren Griff mich sieht,
Die ich liebe!

Ich atme deinen wahren Duft,
Dessen Geruch mich fängt in der Luft,
Dessen Geruch mich vergessen macht,
Dessen Geruch ein Feuer entfacht,
Den ich liebe!

Ich höre deine sanfte Stimme,
Deren Ton mir reinigt die Sinne,
Deren Ton mich träumen lässt,
Deren Ton mir gibt den Rest,
Die ich liebe!

Ich fühle dein klopfendes Herz,
Dessen Takt versprüht meinen Schmerz,
Dessen Takt mein Leben lenkt,
Dessen Takt mir Träume schenkt,
Das ich liebe!

Und küsse ich dich steht alles still,
Allein weil der Kuss es will,
Und alles dreht sich nur um dich,
Streng, genau und ewiglich.

Mein Herz ist dein, so sei es,
Ich liebe dich, verzeih es!

Die schlimmste Droge

Zitternd liegend, bebend stehen,
Muss jede Sekunde an dich denken.
Kann ohne zu träumen nicht weiter gehen,
Kann meine Gedanken zu nichts anderem lenken!

Wenn du lächelst, schwebe ich,
Ja wirklich, ich begehre dich!
Dein Blick ist alles, was ich such´,
Dein Name sagt mehr als jedes Buch!

Sehe ich dich an, bin ich gebannt,
Hab´ deine Magie sofort erkannt,
Dich ganz zu lieben trau ich mich nicht,
Weil dann mein Herz vielleicht zerbricht.

Ich habe Angst, doch ich brauche dich,
Du bist wie die schlimmste Droge.
Das alles ist wunderbar fürchterlich
und ich bin süchtig wie noch nie!

Man kann mich nicht heilen, es wird nur schlimmer,
Von der Lösung habe ich keinen Schimmer
Zeig mir den Weg, wohin er führt,
Sag mir, was dein Herz genau spürt,

Gib mir Gewissheit, erlöse mich,
Um nichts anderes bitte ich dich!
Das war nicht geplant, war nicht gewollt,
Das hat mein Herz echt nicht gesollt.

Alles verfliegt im wirbelnden Wind,
Gedanken rasen so geschwind,
Aber meine Sehnsucht nach dir bleibt doch,
Auch in Wochen, Monaten noch.

Ich ersaufe in deinem riesigen Meer.
Meine letzte Hoffnung bist du.
Trink das Meer auf einmal leer,
Oder wirf mir einen Rettungsring zu!

Du entscheidest, du allein,
Meine Droge, welch süßer Schein!

Wenn…

Wenn Augen mich gefangen nehmen,
Ein bloßer Blick mich leben lässt,
Ich mich kann keines Gedankens schämen,
Denn meine Gedanken feiern ein Fest
von Wunderträumen und falschen Sorgen,
Im Licht der Freude zum Lied des Lebens,
Meine Augen Bilder borgen,
Die sie sich wünschen scheinbar vergebens.

Wenn ein Duft mich in Ketten legt,
Eine Stimme mich befreit,
Mein Herz einen Wunsch nur hegt
und wirklich wünscht in Ewigkeit,
Um nicht alleine zu vergehen,
Sondern in Zweisamkeit zu blühen.
Will in Liebe auferstehen
und in frischem Feuer glühen!

Wenn ein Name, ein einziger Mann
mich durch bloßes Leben glücklich macht,
Ich spür es genau, dann, ja dann,
Ist wahre Liebe in mir entfacht.

Meine Liebe

Du meine Sonne, mein stolzes Licht,
Mein Leben, meine Liebe.
Du liebenswerter Bösewicht,
Beherrscher meiner Triebe.

Ewiger Fels in meiner Brandung,
Ruhiger Wegweiser auf holprigem Pfad,
Stete federweiche Landung,
Immerwährender guter Rat.

Du meine Brise, du starker Wind,
Der mich niemals fallen lässt,
Der Mutter Erde Wunderkind,
Mutiger Wachhund für unser Nest.

Du meine Wärme, meine Lebenslust,
Mein großartiges Verlangen,
Bestärktes Klopfen in meiner Brust,
Mein Hoffen und mein Bangen.

Du goldene Liebe meines Lebens.
Dank dir ist keine Sekunde vergebens.

Wenn du schläfst

Deine Augen geschlossen, sehen den Traum.
So friedlich, glückselig scheint dein Gesicht.
Diese Glückseligkeit erfüllt den Raum,
Strahlt heller als jedes Licht!

Du schläfst, du träumst in meinem Arm,
Gleichmäßiger Atem, ein und aus,
Deine Haut ist sanft und warm,
Dein Herz im Takt, kommt niemals raus!
Bam Batam der Rhythmus schwingt,
Du lächelst, wie sonst nie!
Ich höre wie leise eine Elfe singt.
Ein Schlaflied, das singt sie!

Ich atme deinen Duft, sauge ihn ein,
Ich schütze deinen Schlaf.
So will ich immer bei dir sein,
Solang ich kann und darf!

Duft

Ich atme ein, ganz ungeduldig,
Will diesen Duft nur riechen.
Ja dieses Wunsches bin ich schuldig,
Werd mich nicht mehr verkriechen.

Dieser Duft, der mich betört,
In himmlische Trance versetzt,
Der meine Konzentration empfindlich stört,
Kontrolle und Achtsamkeit grob verletzt.

Da ich mich ganz in ihm verliere,
Meine Augen nichts mehr sehen,
Ich nicht bemerke, ob ich friere,
Meine Beine nicht mehr gehen,
Meine Ohren taub sich stellen,
Meine Stimme mir versagt
und Hormone lauthals bellen,
Wenn dieser Duft an meine Nase ragt.

Den Duft, der einzig wahre,
Der einzigartig klare,
Bei dem ich vergesse, wer ich bin,
Denn du allein bist ganz mein Sinn!

Deine Wärme

Deine Wärme hält mich am Leben,
Hält mich geschützt und hält mich wach.
Ich würde alles für sie geben,
Sie zieht Freude, Zufriedenheit nach!

In deinen Armen kann ich lachen,
Fühl mich richtig, fühle Mich,
Du kannst Feuer mit deinen Augen entfachen,
Deshalb suche und brauche ich dich!

Dein Blick lässt Frieden in mir entstehen,
Meine Seele leise fliegen,
Mit dir würde ich in die Hölle gehen,
Denn dir kann ich voll und ganz erliegen!

Und wenn du lachst, dann geht's mir gut,
Ich fühl mich wohl, fühle das Leben,
Du gibst für alles wieder Mut,
So kann ich endlich wieder streben
nach allem für mich und auch nach dir,
Denn dieses eine wünsche ich mir!

Meine Zeit

Meine Zeit bist du, ist dein,
Immer will ich bei dir sein.

Dich umsorgen, pflegen,
Deine, unsere Kinder hegen.

Dich zum Lachen bringen,
Für dich meine Flügel schwingen,
Dich halten und lieben,
Und dich anschieben.

Ich lebe für dich
Und fürchterlich
ist jede Sekunde allein.
Und doch kann ich nicht schrei´n,
Denn ich freue mich sogleich,
Dich in meinem Arm wieder zu halten.

Also versinke ich in einem Teich,
Einem tiefen, dunklen, kalten,

Und nur du bringst mich wieder an Land.
Unsere Fußabdrücke zusammen im Sand!

Der Kuss

Wie ein Feuerwerk in der Mitte der Nacht,
Ganz plötzlich und auch unbedacht!

So neu, so voll Gefühl,
Entfacht aus Empfindungen ein Gewühl.

Die Lippen brennen, die Augen geschlossen,
Trotz Ungewissheit wurde es genossen.
Wer tat den ersten Schritt?
Wer machte einfach nur mit?

Sie schauen sich in die Augen,
Wollen die Magie noch nicht aussaugen,
Wollen daran glauben,
Und nicht den Zauber rauben.

Sie liegen sich in den Armen und wissen,
Nie wird ihnen die Erinnerung entrissen.
Die Erinnerung an den ersten Kuss,
Den allerersten Liebesgenuss!

Küsse

Das Knistern bevor sich die Lippen berühren
will ich mit solchem Verlangen spüren.

Das stille Einverständnis der Lust,
Lautes Herzklopfen in der Brust.
Haut auf Haut, das Wärmste der Welt,
Tausend Variationen auf diesem Feld!

Tief in tiefe Augen sehen,
Oder lass die Lippen ihres Weges gehen.
Flüchtig, lang, romantisch, wild,
So viele Wörter für nur ein Bild!

Lippen auf sanfte Lippen gepresst,
Gibt kleinen Zweifeln jetzt den Rest.
Hingabe, keine Folgen bedenken,
Pure Zuneigung verschenken.

Das Himmlischste, das es auf Erden gibt,
Bist du dabei wirklich verliebt.
Kein Versprechen, nur ein Kuss,
Hin und wieder doch ein Muss.

Ein jeder kann der schönste sein,
´Drum lass ich mich gerne darauf ein!

Schwanger

Meine Geschichte

Ich schreibe, schreib aus mir heraus,
Das Blatt hat´s noch vor dem Gedanken.
Vor meines Geistes Zauberhaus,
Kann selbst ich nur wanken.

Dunkle Bilder hängen dort,
Will rennen, doch zieh´n sie mich an.
Die Magie des Morbiden am selbigen Ort,
Wo auch der Himmel hängen kann.

Blaue, sanfte Wolkenbilder
mit goldenen Engeln geschmückt.
Doch gleich daneben, wild und wilder,
Der Wirklichkeit entrückt,
Hängen Phantasiegestalten,
Meine Ängste, meine Faszination.
Keiner da, sie zu verwalten.
Doch was macht das schon?

Mein Zauberhaus ist voll von oben
bis unten mit Phantasie.
Man könnt sie verfluchen, könnte die loben,
Doch macht man so was nie.
Ich schreibe lieber lange Sätze,
Seiten voller Traumgestalten,
Ein wahrer Wettkampf, ein Gefetze,
Wer darf als nächstes Arien halten?

Das kleine Mädchen, mit Blumenkranz,
Der Säbelzahntiger, der mich verfolgt,
Die schöne Katze mit gestreiftem Schwanz,
Jedes Wort von ihnen gewollt.

Ich schreibe, was der Wind mir flüstert,
Was die Wasser mir berichten, die Wolken mir erzählen.
Kann aus so vielen Geschichten wählen.

Schwer ist's, die richtige aus zu suchen,
Die auch länger bei mir bleibt.
In allen Erzählungen Falten und Fluchen
von Urzeit an mir einverleibt.

Ich schreibe, um Platz für neue zu schaffen,
Denn eines weiß ich wohl.
So viel ich schreib ich wird doch niemals leer und niemals hohl!

Albtraum

Es friert mich, mich schauderts,
Mein ganzes Gemüt
sieht allein dunkle Bäume.
Das Dunkle, das Finstre wird immer lauter.
Von Bedrohung behüt´
die grauen Regenträume.

Todesgerüche, schwankender Geist
tief hängende Wolke.
Traurige Vorahnung Böses verheißt,
Wie schnell vergorene Molke.

Nebelschwaden durchdringen das Tal
und meine Seele wird müde.
Komm Sonne, gib mir eine Wahl,
Du schon lange verglühte.

Schnell kehrt will ich wieder machen,
Unter Decken mich verkriechen,
Kannst du allein mein Heil bewachen,
Mich in sanfte Träume wiegen.
Oh mein zart ungeborenes Kind.
Ich will eilen, geschwind, geschwind.

Muttersorgen

Wächst du noch? Bist du noch da?
Kannst du mich hören?
Ich schwank vom Bettelweib zum Superstar,
Kannst du das spüren?

Ich bete und hoffe,
Du hast mich gefangen.
So klein, wie du bist,
Muss ich um dich bangen.

Schlägt dein Herz?
Ich merk es nicht.
Jeder Mutterbandschmerz
und mein Herz zerbricht
vor Sorge, vor Glück.
Über Los oder ins Gefängnis zurück.

Weiter leben, Leben spenden
oder soll hier alles enden?
Wächst du noch, mein kleiner Spatz?
Komm wachse, im Bauch ist so viel Platz!

Unglaublich

Ich kann es nicht glauben,
In meinem Bauch
liegt eine Baustelle. Unter Hauben
des Wunderlichen und auch
des unermesslichen Glücks
wird Zelle auf Zelle gesetzt.
Und nach Fertigstellung jedes Stücks
weiter zum nächsten gehetzt.

Das Herz schlägt nun.
Die kräftige Pumpe, Motor des Lebens.
Ohne mein Zutun
wird entschieden ob weitergebaut, ob alles vergebens,

Und jede Übelkeit,
Jeder Zug in der Brust,
Ist wahre Glückseligkeit,
Schauderhaft Lust.

Unglaublich oder? Tief in mir drin
gibt es neuen Lebenssinn,
Fing in mir neues Leben an,
Das in mir leben, wachsen kann!

Mein Baby

Es wächst in mir,
Wächst und gedeiht.
Ein seltsames Gefühl,
Ein komisches Gewühl
in mir, bei mir, in meinem Bauch.
Kosmisches Glühen, himmlischer Hauch.

Unverständliches Geschehen,
Unmöglich dabei zu zu sehen!
Wächst und rückt,
Gedeiht und zieht,
Ein Wunder geglückt,
Unerforschtes Gebiet.

Ich weiß nicht, ich kann nicht,
Was soll ich nur tun?
Hellweiß blendendes Licht,
Aus mit heraus, in mich hinein.
Will lachen, weinen, tanzen und schrei´n.
Es wächst in mit, das höchste Gut.
Mein Baby!

Postnatal

Der Teddy

Auf einem bunten Teppich sitzt unsre kleine Mimm,
Und draußen auf dem Flure hört man schon ihre Stimm!
Sie sitzt dort mit dem Teddy, das ist ihr bester Freund,
Der hat in ihrem Leben noch keinen Tag versäumt!

Da rollen kleine Tropfen über ihre Wangen,
Sie erzählt mit Hoffen und sie erzählt mit Bangen,
Wir wollen einmal hören, was sie ihm so erzählt,
Was unser kleines Schätzchen gar so grausam quält!

„Ach lieber, lieber Teddy!", so schluchzt sie sorgenvoll,
„Alle sagen mein Leben sei wundervoll und toll.
Doch ziehen mich alle in ein andres Eck,
Und dabei komm ich doch wirklich nicht vom Fleck!

Die Mama lässt mich spielen und sagt: Bleib aber schlank,
Die Oma lässt mich backen und denkt gleich, ich sei krank,
Der Papa kauft mir Kleider und lässt mich nicht mehr los,
Der Opa sieht in mir ein dummes Püppchen bloß!

Ich würde so gerne essen, was ich will und mag,
Ich will auch gerne tollen an jedem einzelnen Tag,
Ich wünschte ich könnt tragen was mir allein gefällt,
Ich wollte sie wäre anders, meine kleine Welt!"

So klagt das kleine Mädchen und schüttet aus ihr Herz,
Ach soviel Druck von Außen und soviel junger Schmerz!
Sie will ja doch gefallen, jedem den sie so liebt,
Und hungert doch danach, dass man ihr Freiheit gibt!

„Ich wünscht ich wär ein Teddybär,
Dann wär mein Leben gar nicht schwer,
Ich wär dann eh schon kugelrund,
Dabei noch glücklich und gesund!"

Da lacht der Teddy leise und sagt: „Du dummes Kind,
An deinem Wohl doch alle nur interessiert sind!
Dass sie es übertreiben oder sogar verhau´n,
Das sei wohl jedem Menschen auf Erden zu zu traun!

Weißt du denn überhaupt, was du selber willst?
Wenn du so über die, die dich lieben schillst?
Jetzt lass mal deine Tränen und sei ein bisschen Kind,
Denn diese, deine Zeit, so gnadenlos verschwind!

Zu deine Mama sagst du: „Ich kenne meinen Bauch,
Und wie viel da hineinpasst, dass weiß ich aber auch!
Ich will nicht weniger, nicht mehr,
Drum lass mich, bitte sehr!"

Und deiner Oma sage: „ Mir, mir geht es fein!
So lass bitte dein ständiges Drängen sein!
Man lässt mich nicht verhungern und kümmert sich um mich,
So lass mich doch in Ruhe, ich bitte dich!"

Deinem Papa gebe einen schönen Kuss
Und sag: „Ich bin keine Prinzessin, damit ist jetzt Schluss,
Lass uns zusammen doch auch mal Bauklötze bauen,
Und als Cowboy und Indianer Bösewichter hauen!"

Bei deinem Opa, Kind, sei ganz einfach schlau,
Sag nächstes Mal doch klar: „Das weiß ich ganz genau!
Mein Kopf ist zwar noch klein, doch voll bis obenhin!
Mir steht nicht nur nach Putzen und Kochen der Sinn!"

Und dann, dann leb dein Leben und werde erst mal groß!
Die anderen Dinge regeln von alleine sich bloß!
Und eines Tages bist du dann eine schöne Frau,
Da bist du auch du selber und weist es ganz genau!

Keinen Gedanken verschwendest du dann noch an mich,
Doch dieser eine Rat lässt dich nie im Stich!"
„Nein mein Lieber Teddy, dich vergess ich nicht!
Du bleibst immer mein Freund, mein Halt und mein Licht!"
Sie drückt ihn lieb und feste und drückt ihn noch viel mehr.
„Nein mein lieber Teddy, dich geb ich niemals her!"

Der Teddy lächelt weise, er hat schon viel gesehen,
Wenn Mimm ihn nicht mehr braucht, muss er weiter gehen!
Denn viele kleine Kinder brauchen einen Freund,
Der mit ihnen lacht, spielt und träumt!

Und werden sie erwachsen, zieht er wieder weiter,
Macht ein anderes Kind wieder froh und heiter!
Nun rate mal, wen ich grad neulich sah,
Jemand, der mal mein Spielgefährte war!
Ich hab von dir erzählt und nun ist er hier,
Für dich als Freund, ich schenke ihn dir!

Es schreit

In einem Krankenhauszimmer
liegt es und weint.
Sein Rufen wird schlimmer.
Die Welt der grausame Feind.

Keine Mutter, die rennt,
Kein Vater kommt her,
Keine Schwester, die es kennt,
Darum weint es so sehr.

Alle Hoffnung genommen,
Die Eltern verschwunden,
Kein Besuch ist gekommen,
Kein Engel hat her gefunden.

Es kann sich nicht helfen,
Gerade geboren,
Kein Name, keine Liebe,
Zu nichts auserkoren.

Draußen im Gang gehen Leute vorbei,
Sie gehen weiter, hören den Schrei.
Keiner hat Mitleid,
Nicht einer sieht nach
warum es so weit,
Alles liegt brach.

Ich steh an der Tür, doch die Klinke ist schwer.
Ich will ihm doch helfen, ich will es so sehr!
Mein Herz zerspringt bei jedem Laut,
Doch die Türe scheint nicht zum Öffnen gebaut.

Niemand hilft mir, ich kann nicht hinein,
Muss hier draußen so hilflos sein.

In einem Krankenhauszimmer
liegt es und weint.
Sein Rufen wird schlimmer,
So unvereint.

Wenn keiner hilft, wenns niemand versucht,
Bleibt unsre Welt derart verrucht
und niemals kann es jemand erlösen
von Einsamkeit, Wut, Angst und dem Bösen.

Perfekt

Ich hätte nie gedacht,
Dass meine Seele je so lacht
und sich hingibt dieser Freud´,
Keine ihrer Taten bereut.
Niemals hätte ich geglaubt,
Dass man mir auf diese Art vertraut,
Sich nach mir streckt,
Sich nach mir reckt.
Perfekt!

Dass es dich gibt,
Dass man mich liebt,
Auf diese Art, wagte ich nie zu hoffen,
Doch jetzt bin ich getroffen,
Von diesem Pfeil, von dir,
Fühl mich ganz wie ein Muttertier.

Ich will dich schützen, retten, bewahren,
Dir alles zeigen in meinen Jahren,
Dich wachsen, spielen, lieben sehen,
So lang wie möglich mit dir gehen.
Ich schwebe nur weil es dich gibt!
Und glaube mir, du wirst geliebt!

Unser Leben

In unser alltägliches Leben
kam ein Wunder, ein Kind.
Wo Verstecke keine Geheimnisse mehr bieten,
Nun neue, unglaublichere sind.

In Wut und Hass unserer Tage
Trat ein Baby, die Liebe.
Wo vorher nur Platz für Trott und Plage,
Steht nun stolz die Wiege.

Von uns, aus uns ist es gekommen
und doch ein unermessliches Geschenk.
Hat Glück und Segen mit zu uns genommen.
Sieh das Wunder an und denk
darüber nach, wie schön die Welt ist,
Wie bunt und farbenfroh.

Damit auch du nicht vergisst,
Dass unser Leben nicht anderswo ist!

Zurück

Sie geht, sie geht und ich muss bleiben.
Sie geht, überlässt mich meinem Treiben
Ich bleibe hier, ich kann nicht fort,
Bleib liegen hier in meinem Hort.
Ich schreie, und schreie so laut ich kann,
Doch keiner hilft mir, nicht Frau noch Mann.
Ich rufe, ich weine alles hinaus.
Sie geht weg von mir, aus meinem Haus!

Wo bist du, wo gehst du, wo willst du hin?
Ich bleibe hier und schrei´.
Ich rufe weil ich hilflos bin.
Dann zähl ich „eins, zwei, drei".
Verlassen bleib ich, muss ich sein,
Drum fang ich wieder an zu schrei´n.
Mein Hoffen, mein Retter, mein fester Halt
ist fort und lässt mit schrecklicher Gewalt
mich zurück!

134

Coffee and Wine

I lie awake with my arm under your heavy head.
Thinking.
Your tired body silently slows my broody blood flows.
Shrinking.

My mind blooms with verbal vitality and vice versa.
Seconds, minutes, hours, (nights?) – room to ruminate.
Teeth-grinding, twitching, (midnight fights?) – no time to
concentrate.
My eyes espy the bright door wooing ajar.

I escape from the grip your bed has one me while
You drift away into higher spheres. Ecstatic exile.
Like a somnambulist I higher myself and land on a chair
With pen and paper at hand and aware
That my moment of genius is finally…but unfair despair –
As I wake in the morning all that is there
Is this infantile piece of worthless work
With which caffeine and Bacchus went berserk.

But one single kiss from your charming mouth shows
How love fuels creativity as long as it grows.

©Maximilian Meinhardt